比叡山延暦寺の
神さま 仏さま

地元ガイドが作った参拝ハンドブック

監修　**武 覚超**

協力　比叡山延暦寺　日吉大社
比叡山坂本観光ボランティアガイドの会・石積み

花咲てるみ

ま え が き

　比叡山は滋賀県と京都府にまたがる山で、2100年前に須佐之男 尊の孫にあたる大山咋 神が降臨した山です(『古事記』)。そしておよそ1200年前に伝 教大師 最 澄が比叡山寺(のち延暦寺)を創建しました。この本は比叡山延暦寺で出合った多くの神仏をもっと知っていただきたいという想いから作られました。

　長い歴史の中で比叡山には多くの語り継がれるお話があります。それらを楽しみながら、それぞれの堂の成り立ちなどを知る「延暦寺参拝ハンドブック」としてお役立ていただけたら幸いです。

　紹介するエリアは、延暦寺発祥の地東塔、回峰行の本拠地無動寺谷、釈迦堂を中心とした西塔、延暦寺最北の地横川の順に分けていますが、一般にはあまり知られていない堂や旧跡、そして「普段はほとんど見ることのできないご本尊」などの写真も数多く紹介しています。編集にあたっては、各堂前に置かれている延暦寺作成の説明看板、および比叡山延暦寺関連の書籍なども参照し、最新の研究成果も取り入れて纏めたものです。

　この本の制作にあたっては、天台宗総本山比叡山延暦寺様、山王総本宮日吉大社様から多くの資料や貴重な写真を提供していただきました。特に監修をしてくださった延暦寺一山 求法寺住職 武 覚 超 様には編集から校正まで特段のご指導を賜りました。また延暦寺国宝殿 主任学芸員 宇代貴文様には種々ご助言とご協力をいただきました。心より厚く御礼申し上げます。

　また、見守ってくださった森羅万象の神仏に感謝いたします。

花咲てるみ

『比叡山延暦寺の神さま仏さま』発刊に当たって

延暦寺一山　求法寺　武　覚超

天台宗勧学
延暦寺学問所所長
叡山学院名誉教授

　このたび「比叡山坂本観光ボランティアガイドの会・石積み」企画により、会員の花咲てるみ著の『比叡山延暦寺の神さま仏さま』が発刊されました。

　比叡山坂本観光ボランティアガイドの会は平成26年(2014)に発足し、比叡山の東塔・西塔・横川の三塔地区を始め、延暦寺の守護神である比叡山麓坂本の日吉山王社などへの参拝者に対して観光案内のボランティア活動を積極的に推進されています。

　その活動の範囲は、世界遺産に登録されている比叡山延暦寺や日吉山王社などの広範囲に及んでいます。かつまた比叡山の起源を 遡 れば、古代より大山咋神(小比叡明神・二宮)が鎮座する神山であり、天智天皇の時代には奈良の三輪明神(大己貴神・大比叡明神・大宮)が勧請されるなど、伝教大師最澄(766〜822)によって比叡山が開かれる以前から神の坐す聖地として崇められていました。

　そして1200有余年前、伝教大師が比叡山に一乗止観院(後の根本中堂)を創建して比叡山を開創されて以来、鎮護国家と国宝的人材育成の根本道場として発展し、慈覚大師円仁(794〜864)、智証大師円珍(814〜891)、慈恵大師良源(912〜985)、恵心僧都源信(942〜1017)など、日本仏教の基礎を

武　覚超師 と 著者
求法寺にて

築かれた高僧碩徳を輩出し、さらに鎌倉時代以降には、法然、親鸞、道元、栄西、日蓮、真盛など各宗各派の祖師方を育くみ、日本仏教の母山と称されています。

　これら比叡山の高僧方が厳しい修行に励まれた名所旧蹟はもちろんのこと、総合仏教といわれる比叡山の幅広い教えを実践し研鑽する堂塔伽藍、また比叡山諸堂に奉祀される釈迦・弥陀・薬師・文殊・弥勒・観音・不動などの諸仏諸菩薩、毘沙門天・弁才天・大黒天や日吉山王の神々とその信仰、さらに織田信長による元亀の比叡山焼き討ち、諸堂変遷の歴史など比叡山延暦寺の案内は多岐にわたります。

　今回の出版は、このような総合的観点を踏まえつつ、延暦寺の150にも及ぶ現在の堂舎や名所旧蹟のほぼ全般を網羅して纏められたものであります。

　特に適切なカラー写真や諸堂の俯瞰図、配置図、イラストなどが多用されており、神仏の山・比叡山延暦寺巡礼の好きガイドブックとなることでしょう。

令和6年1月6日

道心とは
悟りを求め　他を思いやる心

悟りとは気づき
日々の小さな出来事の中で

固定観念や
常識が変わるほどの
変化がもたらされる

気づきにより
それぞれの人生の
答えに近づいていく

ケーブル延暦寺駅から眺める壺笠山と大津市内

第1章 最澄と比叡山

比叡山延暦寺全体図

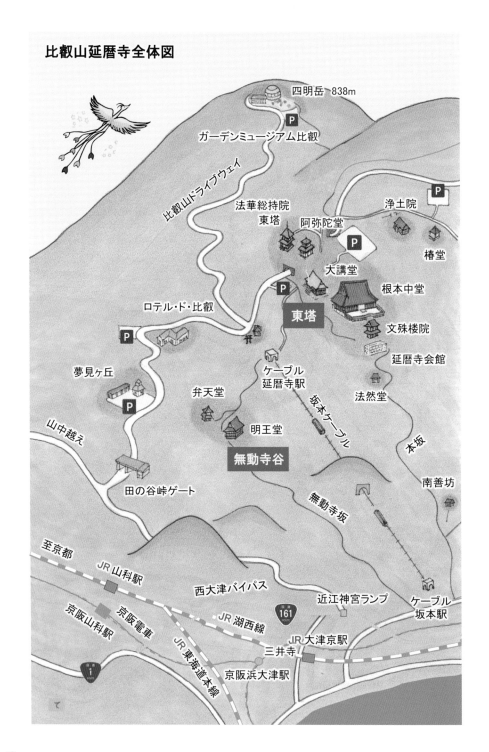

四明岳　838m

ガーデンミュージアム比叡

比叡山ドライブウェイ

法華総持院
東塔

阿弥陀堂

浄土院

椿堂

大講堂

根本中堂

ロテル・ド・比叡

東塔

文殊楼院

延暦寺会館

夢見ヶ丘

ケーブル
延暦寺駅

法然堂

弁天堂

坂本ケーブル

本坂

山中越え

明王堂

無動寺谷

南善坊

田の谷峠ゲート

無動寺坂

至京都

JR 山科駅

西大津バイパス

近江神宮ランプ

ケーブル
坂本駅

京阪山科駅

京阪電車

JR 湖西線

161

JR 東海道本線

JR 大津京駅

三井寺

京阪浜大津駅

比叡山頂

大比叡　848m

西塔

瑠璃堂

奥比叡ドライブウェイ

釈迦堂

黒谷青龍寺

常行堂・法華堂
（にない堂）

玉体杉

峰道レストラン

三石山　675m

横川

横川中堂

根本如法塔

大宮谷林道

元三大師堂

八王子山　381m

飯室坂

仰木ゲート

161

日吉大社

飯室不動堂

JR 湖西線

西教寺

仰木雄琴 IC

湖西道路

JR おごと温泉駅

生源寺

京阪坂本比叡山口駅

558

JR 比叡山坂本駅

琵琶湖

1. 古代から神の坐す山

比叡山は約2100年前（崇神天皇7年、紀元前91）から大山咋神（またの名を山末之大主神）が鎮座する神山として崇められてきたと『古事記』にある。大山咋神は素戔嗚尊の孫神、大年神の子神である。神話時代に日枝山に降りられた地主神であり、比叡山全体の守り神である。

日吉大社は比叡山東麓坂本にあり、大山咋神は東本宮に祀られる。また、その西本宮には、奈良の三輪山（大神神社）より約1350年前（天智7年、668）に大津京を開いた天智天皇が勧請した大己貴神が祀られる。大己貴神は大国主命と同神である。約1200年前、比叡山中に延暦寺が建立されると、この二神は天台宗守護の護法神とされ、天台宗の興隆に伴って信仰を集めた。

神体山（八王子山）

比叡山の東麓には日吉大社の神体山である八王子山がある。

八王子山（381m）の山頂には、日吉大社の東本宮と樹下宮の祭神、大山咋神と鴨玉依姫の荒魂が祀られている。この二柱は夫婦神でその社は巨岩（磐座）の間の懸崖に建っている。

文献によると牛尾宮の旧祭神「國狭槌尊」は、八人の皇子をつれて「金大巌」の傍に降りてこられたので、八王子という名で呼ばれるようになったとされる。

大山咋神が降り立ったとされる高さ10mの磐座は日が差すと金色に輝くことから金大巌と呼ばれる。

八王子山　山頂の三宮（左）と牛尾宮（右）

日吉大社赤鳥居と八王子山

磐座（金大巌）

2. 最澄と延暦寺　年表

766年（一説には767年）山麓の近江　大友郷（現在の大津市坂本 生 源 寺）
　　　　　に父三津首百枝と母藤 原 藤子（妙 徳夫人）の長男として
　　　　　生まれる　幼名は広野

最澄生誕地　生源寺

生源寺前から見た比叡山

777年（12歳）　近江大国師 行 表 について出家

780年（15歳）　近江国分寺で得度　最澄を名乗る

785年（20歳）　奈良東大寺戒壇院で具足戒を受け国が認める正式な僧侶
　　　　　　　となる
　　　　　　　3か月後比叡山に籠り草庵を結ぶ　比叡山での修行の
　　　　　　　決意と目標を述べた『願文』を著わす

788年（23歳）　（延暦7年）後の根本中堂となる一乗止観院を創立

798年（33歳）　初めて法華十講を比叡山で行う

802年（37歳）　遣唐還学 生 の勅 許 がくだる

804年（39歳）　桓武天皇の援助を受け入唐　翌年帰国
　　　　　　　最澄が中国天台山や台州・越州で学んだ『法華経』を中心とする
　　　　　　　天台大師智顗の天台 教 学 並びに大乗戒・密教などの思想
　　　　　　　はのちに日本天台宗の基礎となる

806年（41歳）　天台法華宗が公認される

809年（44歳）〜813年　空海と交流

817年（52歳）　関東に赴き上 野国（群馬県）・下 野 国（栃木県）に宝塔を
　　　　　　　築き国や人々の安寧を願う

817年（52歳）〜821年　南都法相宗徳一と三一権実（『法華経』の一乗は方便か真実か）の仏性論争を行う

桓武天皇

818年（53歳）　最澄　小乗戒棄捨を宣言『山家学生式』を朝廷に提出

819年（54歳）　最澄の主張に対し僧綱（日本の僧尼を管理する僧の役職）が反論

820年（55歳）　僧綱の反論に対し『顕戒論』を提出する

822年（57歳）　（弘仁13年6月3日）大乗戒の勅使がくだる

822年（57歳）　（弘仁13年6月4日）比叡山中道院にて入滅

823年　　嵯峨天皇より桓武天皇の元号にちなんで「延暦寺」の寺号を賜る

824年　　義真　初代天台座主となる

827年　　義真　大乗戒壇院を建立

834年　　円澄　西塔に釈迦堂を建立

848年　　円仁　横川に根本観音堂（横川中堂）を建立

伝教大師最澄

854年　　円仁　第三世天台座主となる

865年　　相応　無動寺明王堂を建立

866年　　最澄に伝教大師の諡号が贈られる

868年　　円珍　第五世天台座主となる

966年　　良源　第十八世天台座主となる

972年　　横川が東堂から独立し　比叡山の三塔が確立

1185年〜1336年（鎌倉時代）

　　　　比叡山から多くの日本仏教各宗派の祖師を輩出した

　　　　浄土系（法然上人　親鸞聖人　一遍上人）

　　　　禅系（栄西禅師　道元禅師）　法華系（日蓮聖人）

1486年　真盛　坂本西教寺再興　天台真盛宗を開く

1571年　（元亀2年）元亀の法難　織田信長の焼き討ちにあう

　　　　瑠璃堂を残し　山上三塔十六谷の堂舎　山下坂本の日吉大社

　　　　が全焼

1585年　根本中堂仮堂に山形県立石寺（山寺）より不滅の法灯を移す

1607年　徳川家康から命を受けた天海が比叡山諸堂の再建に尽力

1868年　（明治元年）神仏分離令により日吉山王社が分離

1994年　（平成6年）「古都京都の文化財」としてユネスコの世界遺産に

　　　　登録される

比叡山延暦寺東塔空撮　延暦寺提供

3. 延暦寺

最澄が比叡山に独り籠ったことから延暦寺の歴史は始まる。

比叡山の山内は、東塔、西塔、横川の3塔と16谷の区域に分かれており、それらの全てを総称して延暦寺という。

3塔	16谷				
東 塔 とう どう	南谷	東谷	北谷	西谷	無動寺谷 む どう じ だに
西 塔 さい とう	北谷	東谷	南谷	南尾谷 みなみ お だに	北尾谷
横 川 よ かわ	兜率谷 と そつ だに	般若谷 はん にゃ だに	香芳谷 か ぼう だに	解脱谷 げ だつ だに	戒心谷 かい しん だに　飯室谷 い む ろ だに

最盛期には3000もの寺社があったと伝えられるが、現在は約150の堂宇がある。

後に延暦寺は日本仏教の中心地となり、鎌倉時代以降には多くの開祖たちを輩出したことから日本仏教の母山とされている。

東麓の坂本地区には延暦寺の里坊と呼ばれる寺院群や、比叡山の守護神を祀る日吉大社(全国3800社の山王総本宮)などがある。

天台の教えと『法華経』

『法華経』は大乗仏教の代表的な経典で、インドの霊鷲山で釈迦により説かれ、中国の天台大師智顗が『法華経』を所依とする天台宗を確立した。

誰もが平等に成仏できるという仏教思想が説かれている。

聖徳太子の時代に仏教と共に日本に伝来した。

最澄の上奏により比叡山独自の大乗戒壇による受戒制度が認可され、多くの日本仏教の宗旨がここから展開した。

伝教大師最澄の法灯を継ぐ高僧たち

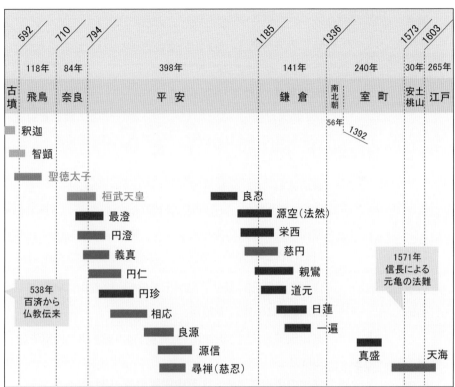

凡例: ■ 宗派の開祖

	紀元前4～6世紀頃	仏教の開祖。天台宗所依の『法華経』など八万四千の法門を説く。
釈迦（しゃか）	紀元前4～6世紀頃	仏教の開祖。 天台宗所依の『法華経』など八万四千の法門を説く。
天台大師 智顗（てんだいだいし ちぎ）	538～597	中国天台宗の開祖。 『法華経』の教理を中心とする中国天台宗を大成した。 最澄は入唐し天台の教えと実践を学び日本に伝え広めた。
聖徳太子（しょうとくたいし）	574～622	法華一乗の精神で日本国を治めるため『十七条憲法』を制定し、倭国の教主と仰がれる。日本仏教の基礎を築く。
桓武天皇（かんむてんのう）	737～806	平安期の新時代を建設するにあたり、国家の精神支柱として最澄に最も期待を寄せ、叡山仏教（日本天台宗）の開創を扶助した。
伝教大師 最澄（でんぎょうだいし さいちょう）	766～822	785年（20歳）比叡山入山、788年（23歳）一乗止観院創建、天台宗の開祖。

修禅大師(しゅぜん) 義真(ぎしん)	781〜 833	第1世天台座主、最澄入唐時に通訳僧として同行。 戒壇院を創建した。
寂光大師(じゃっこう) 円澄(えんちょう)	772〜 837	第2世天台座主、797年最澄の弟子となり天台の奥義を 授けられる。比叡山に西塔(さいとう)を開く。 釈迦堂(転法輪堂)を創建した。
慈覚大師(じかく) 円仁(えんにん)	794〜 864	第3世天台座主、838年から9年3か月間唐に渡り五会念(ごえ) 仏や密教の秘法などを学び天台宗の基礎を固める。 比叡山に横川(よかわ)を開く。 東塔の総持院、文殊楼院、浄土院などを創建した。
智証大師(ちしょう) 円珍(えんちん)	814〜 891	第5世天台座主、天台寺門宗(園城寺)の開祖。15歳で比 叡山に登り義真の弟子となり十二年籠山 行(ろうざんぎょう)に入る。のち 円仁に次いで入唐し帰国後天台密教の充実に尽力した。
建立大師(こんりゅう) 相応(そうおう)	831〜 918	15歳で比叡山に登り不動明王を信仰、比叡山に無動寺を 開創。千日回峰行の始祖。
慈恵大師(じえ) 良源(りょうげん)	912〜 985	第18世天台座主、近江国(滋賀県)浅井郡出身。12歳で叡 山に登る。 諸堂の復興に努めた比叡山中興の祖といわれる。 正月三日に亡くなったことから「元三大師(がんざん)」とも呼ばれる。
恵心僧都(えしんそうず) 源信(げんしん)	942〜 1017	9歳で比叡山に登り良源の門に入る。横川に隠棲(いんせい)し、念仏 による極楽往生の方法を示し、浄土信仰発展に大きな影 響を与えた『往生要集(おうじょうようしゅう)』を著す。
慈忍和尚(じにんかしょう) 尋禅(じんぜん)	943〜 990	良源のあとを継いで第19世天台座主となる。良源の高弟で きびしい戒律を受け、死後も「一つ目」の姿で他の修行僧を 指導したという伝説がある。隠退後は飯室谷に籠り、廟所 も飯室谷にある。
聖応大師(しょうおう) 良忍(りょうにん)	1072〜 1132	融通念仏宗(ゆうずうねんぶつしゅう)の開祖。良忍は12歳で比叡山に入る。のち大 原に来迎院を創立し、自他融合の他力念仏(融通念仏)を 広めた。

法然上人 （ほうねんしょうにん） **源空**（げんくう）	1133〜 1212	浄土宗の開祖。13歳で比叡山に入り、円頓戒（えんどんかい）を受け、天台の三大部を修学、18歳で叡空（えいくう）に師事のち南無阿弥陀仏のみを正行（しょうぎょう）として極楽往生（おうじょう）を期す専修念仏の立場を確立した。
千光国師 （せんこうこくし） **栄西**（えいさい）	1141〜 1215	臨済宗（りんざいしゅう）の開祖。14歳で比叡山で得度受戒し、のちに2度入栄（にゅうそう）（中国）し、臨済の法脈を受けつぎ、天台・真言・禅の三宗を並び広めた。比叡山の台密葉上（ようじょう）流の祖。
慈鎮和尚 （じちんかしょう） **慈円**（じえん）	1155〜 1225	天台座主就任は4度に及ぶ。歌人でもある（延暦寺の僧として唯一小倉百人一首95番に選ばれている）。
見真大師 （けんしん） **親鸞**（しんらん）	1173〜 1262	浄土真宗本願寺派・真宗大谷派の開祖。9歳で慈円のもとで得度し、のち法然の門に入り南無阿弥陀仏を念じ救われるとし、絶対他力、悪人正機（あくにんしょうき）（阿弥陀仏の本願は悪人を救うべきもの）の教えを広めた。
承陽大師 （しょうよう） **道元**（どうげん）	1200〜 1253	曹洞宗の開祖。13歳で比叡山に入り、公円について出家得度し天台を学ぶ。のち入宋して中国から曹洞禅を伝え、禅戒一如を説き、修証一如（しゅうしょういちにょ）の座禅を広めた。
立正大師 （りっしょう） **日蓮**（にちれん）	1222〜 1282	日蓮系各宗の開祖。12歳のとき円仁系の天台教を学び、出家し比叡山に入る。天台の法華学を修学し「南無妙法蓮華経」の題目を広げた。
証誠大師 （しょうじょう） **一遍**（いっぺん）	1239〜 1289	時宗（じしゅう）の開祖。7歳で出家し、のち比叡山で天台を学び念仏を志した。全国を遊行（ゆぎょう）して踊念仏（おどりねんぶつ）を広めた。
慈摂大師 （じしょう） **真盛**（しんせい）	1443〜 1495	天台真盛宗（西教寺）の開祖。19歳で比叡山に入り、以来20年間天台教学を学ぶ。のち日課念仏六万遍を称え、源信の『往生要集』によって戒（円戒）称（念仏）の二門を広めた。
慈眼大師 （じげん） **天海**（てんかい）	1536〜 1643	徳川家康、秀忠、家光に仕えた。元亀（げんき）の法難後比叡山復興や滋賀院門跡（もんぜき）寺院などの発展に尽力した。江戸城の鬼門にあたる東京上野に東叡山寛永寺（とうえいざんかんえいじ）を建立した。

『山家学生式』

最澄は比叡山における大乗戒壇院設立と人材養成の目的を明らかにするために、天台宗僧侶の修行規則である『山家学生式』（『六条式』『八条式』『四条式』）を著した。

「一隅を照らす」と、「忘己利他」という言葉は、最澄が書いた『山家学生式』のうち『天台法華宗年分学生式』の冒頭にある。

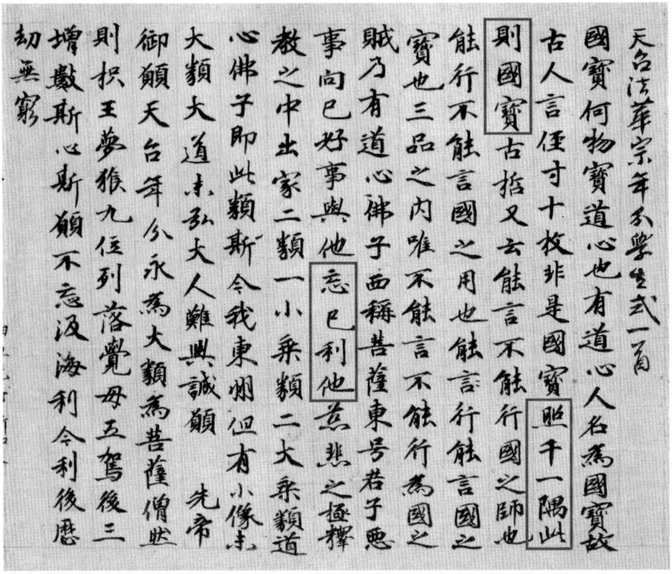
天台法華宗年分學生式一首
國寶何物寶道心也有道心人名為國寶故
古人言徑寸十枚非是國寶照千一隅此
則國寶古哲又云能言不能行國之師也
能行不能言國之用也能行能言國之
寶也三品之内唯不能言不能行為國之
賊乃有道心佛子西稱菩薩東号君子悪
事向己好事與他忘己利他慈悲之極釋
教之中出家二類一小乘類二大乘類道
心佛子即此類斯今我東州但有小像未
大類大道未弘大人難興誠願 先帝
御願天台年分永為大類為菩薩僧然
則枳王夢猴九位列落覺母五駕後三
增數斯心斯願不忘汲海利今利後歷
劫無窮

最澄真筆 『天台法華宗年分縁起』のうち『山家学生式』（六条式）

大講堂前広場に建つ大きな石塔

これは最澄直筆の『山家学生式』の一部をそのまま写したもので、照千一隅の部分は天台宗においては「一隅を照らす」と読み下している。

天台宗HPより

国宝とは何物ぞ　　　　国の宝とはなにか

宝とは道心なり　　　　宝とは悟りを求め 他を思いやる心である

道心ある人を　　　　　この道心をもっている人こそ

名づけて国宝と為す　　社会にとってなくてはならない国のたからで
　　　　　　　　　　　ある

故に古人の言わく　　　だから昔の人はいった

径寸十枚是れ国宝に非ず「直径3cmの宝石十個、それが宝ではない

一隅を照らす　　　　　自分の持ち場である社会の一隅を照らす生
　　　　　　　　　　　活をする

此れ即ち国宝なり　　　その人こそが、なくてはならない国宝の人で
　　　　　　　　　　　ある」と

（中略）

道心あるの仏子　　　　このような道心ある人を

西には菩薩と称し　　　インドでは菩薩とよび

東には君子と号す　　　中国では君子という

悪事を己に向かえ　　　いやなことでも自分でひきうけ

好事を他に与え　　　　よいことは他の人にわかち与える

己を忘れて他を利するは　自分をひとまずおいて、まず他の人のため
　　　　　　　　　　　に働くことこそ

慈悲の極みなり　　　　慈悲の極まるところなのである

『山家学生式』の冒頭部分より

天台宗公式サイト 一隅を照らす運動参考

23

延暦寺の特徴

最澄が目指した人材育成。
そのおかげで多くの弟子が生まれ
たくさんの人々が救われたんだ。

円澄、義真、円仁、円珍、相応、良源、
源信、尋禅、良忍、源空、栄西、慈円、
親鸞、道元、日蓮、一遍、真盛、天海

みんな比叡山で修行をした
高僧です。

皆が「一隅を照らす人」になったら
世界が平和になる！
人種も言葉も宗教も超えて、皆で
平和をめざしているんだ。

境内には仏さまだけでなく神さまも
たくさん祀られている。
外国から来た仏さまや神さまも。

世界中の人がさまざまな
言葉で祈っている。
大切なのは心なんだ。

天台宗では本尊を特に定め
ていないんだ。
如来、菩薩、明王、天・・・

延暦寺では朝には『法華経』（題目）
を、夕には『阿弥陀経』（念仏）を唱える
習わしがある。

延暦寺では、**森羅万象**
の全てが仏であり神であ
るとしている。目に見える
ものも見えないものも。

最澄は中国で円（天台法華宗）、
密（真言密教）、戒（大乗円頓戒）など
を学んだ。

全ての人が仏になれる、
そして悟りを開くことができる
として、**利他の心**が大切だと説く
大乗仏教を広めたんだ。

日本の天台宗は釈迦の
教えの極意である『法華経』を
依（よ）り所とした中国の天台智顗（ちぎ）の
天台仏教を基本としている。

第2章 東塔エリア

伝教大師最澄が開いた延暦寺発祥の地
総本堂にあたる根本中堂を中心とする区域

文殊楼　ミツバツツジとシャクナゲ

東塔全体図

- 至西塔
- 最澄御廟
- N
- 北谷（八部尾）
- 12.浄土院
- 西谷
- P
- 延暦寺バスセンター
- ㉕
- 売店
- 受付
- 比叡山ドライブウェイ
- 11.山王院
- 8.戒壇院
- 至山頂
- 受付
- 9. 阿弥陀堂
- 鐘楼
- 10.東塔
- 法華総持院
- P
- ㉖弁慶水
- 灌頂堂
- 西谷

バスセンターから根本中堂まで徒歩　約7分
ケーブル延暦寺駅から根本中堂まで徒歩　約15分
根本中堂から山王院まで徒歩　約15分

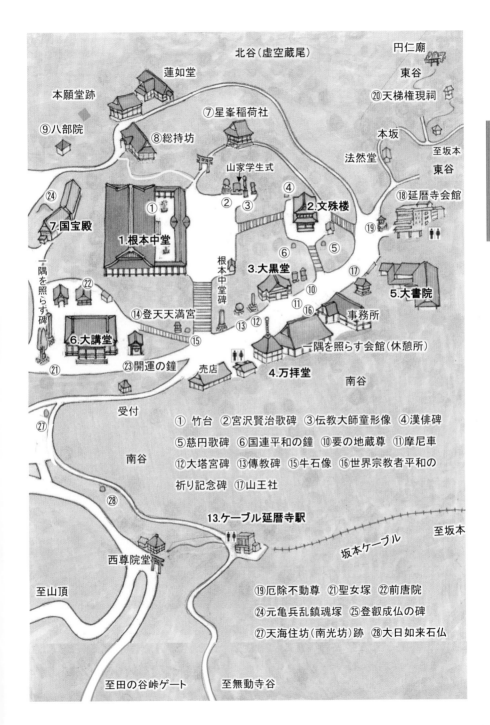

北谷（虚空蔵尾）

円仁廟

蓮如堂

東谷

本願堂跡

⑳天梯権現祠

⑨八部院

⑧総持坊

⑦星峯稲荷社

本坂

山家学生式

法然堂

至坂本

東谷

④

⑱延暦寺会館

②　③

②文殊楼

⑲

24

⑦国宝殿

①

⑤

2.文殊楼

1.根本中堂

⑥

⑰

根本中堂碑

3.大黒堂

22

⑩

5.大書院

⑭登天天満宮

⑪

⑯

事務所

6.大講堂

⑬　⑫

一隅を照らす会館（休憩所）

一隅を照らす碑

㉑

㉓開運の鐘

⑮

売店

4.万拝堂

南谷

受付

① 竹台　②宮沢賢治歌碑　③伝教大師童形像　④漢俳碑

南谷

⑤慈円歌碑　⑥国連平和の鐘　⑩要の地蔵尊　⑪摩尼車

㉗

⑫大塔宮碑　⑬傳教碑　⑮牛石像　⑯世界宗教者平和の

祈り記念碑　⑰山王社

㉘

13.ケーブル延暦寺駅

至坂本

坂本ケーブル

西尊院堂

⑲厄除不動尊　㉑聖女塚　㉒前唐院

至山頂

㉔元亀兵乱鎮魂塚　㉕登叡成仏の碑

㉗天海住坊（南光坊）跡　㉘大日如来石仏

至田の谷峠ゲート　　至無動寺谷

27

1. 根本中堂 （国宝） 〜延暦寺の総本堂　延暦寺発祥の地

　根本中堂はもとは一乗止観院といい、比叡山延暦寺の総本堂であり、最澄が延暦7年（788）に創設した。

　現在の建物は織田信長による元亀の法難の後に、慈眼大師天海の進言により徳

延暦寺　根本中堂　外観

川家光の命で寛永19年（1642）に再建されたものである。

　桁行11間、梁間6間、入母屋造りの屋根は銅版葺きの大建築で、中堂の前庭を廻廊がコの字型に取り囲む。廻廊の屋根は椹の割板を使った栩葺である。

　本堂は国宝。廻廊は国指定重要文化財に指定されている。

延暦寺　根本中堂　内陣

　内陣の中央の厨子の中には本尊の最澄自作と伝えられる秘仏薬師如来像、その宝前には最澄が灯して以来約1200年間消えたことのない「不滅の法灯」が安置されている。

薬師如来像

　薬師瑠璃光如来は瑠璃光（濃い紫がかった青）により現世の病苦を救うとともに、悟りに導くことを誓った仏として信仰される。左手に薬壺を持ち、右手の薬指で薬を塗るしぐさをしていることからこの指を薬指と呼ぶようになった。

　秘仏のため通常は拝することができないが、代わりに厨子前にお前立の像が安置されている。両脇には日光・月光菩薩が祀られている。日光菩薩は太陽の光、月光菩薩は月の光で薬師如来と共に全ての人々に救いの手を差し伸べるといわれ、単独で祀られることはほとんどなく、薬師如来の脇侍として祀られる。「薬師三尊」とも呼ばれる。

　また、宮殿の周囲には、梵天立像・帝釈天立像・十二神将立像が安置されている。梵天・帝釈天はそれぞれ古代インドの神を起源とする仏法守護の神。十二神将は薬師如来や薬師経の信奉者を守る護法神で、それぞれ干支の動物を頭に表す。

不滅の法灯

　延暦13年（794）桓武天皇の行幸を仰ぎ、一乗止観院の落慶供養が行われたことで一乗止観院（根本中堂）は単なる仏教の寺ではなくなった。

　「国をまもり鎮める教えを広める」決意をかためた最澄は和歌を捧げ、法灯を灯す。この時の法灯が1200余年守り続けられ、3基の吊燈籠から内陣を照らしている。

明らけく　後の仏の　み世までも

　　　　光りつたえよ　法のともしび

最澄

　法灯を消さないように僧侶たちは欠かさず菜種油を注ぎ足すが、役割係は決まっておらず、気づいた人が油を注ぐ。一説には油を断たないことから「油断大敵」の言葉が生まれたといわれている。

　法灯は元亀の法難で一時途絶えたが、山形県の立石寺（山寺）に分灯されていたものを移して現在に伝えている。

一乗止観院

| 経蔵 | 薬師堂 | 文殊堂 |

正式な僧侶となった最澄は一乗の教えを得るため山に籠り、樹木を切り開き、香木から薬師如来像、釈迦如来像、阿弥陀如来像を刻み、三体の仏を安置する堂を建立する。

一乗止観院は最澄が最初に建てた根本中堂の元となる堂宇である。

まず薬師堂を建立し、のちに文殊堂と経蔵を左右に建てた。三堂並立の形となったので、中央に位置する薬師堂を中堂と呼ぶ。これが根本中堂の由縁である。

根本中堂の配置図（徳川家光再興1642〜現在）

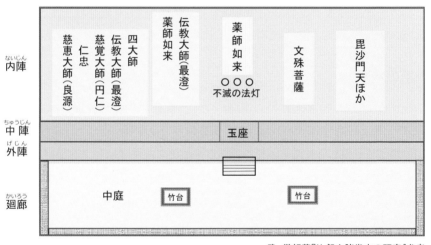

			内陣						
慈恵大師（良源）	仁忠 慈覚大師（円仁）	四大師 伝教大師（最澄）	薬師如来 伝教大師（最澄）		薬師如来 ○○○ 不滅の法灯		文殊菩薩		毘沙門天ほか

中 陣 ── 玉座

外陣

廻廊 ── 中庭 ── 竹台 ── 竹台

武 覚超著『比叡山諸堂史の研究』参考

内陣は中陣より3mほど低く石敷きの土間で仏さまと参拝者の目の高さが同じになるように設計され「誰もが仏さまになることができる」という法華一乗の教えを表している。

根本中堂本殿（側面）天台造り

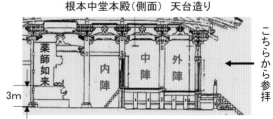

（西塔釈迦堂、横川中堂も同様に石敷きの土間をはさんで本尊を拝する天台造りとなっている）。

①竹台

最澄が804年に中国に渡り、翌年帰国の際に天台山より持ち帰った竹を堂前に植え、ここに山王並びに天神地祇（天神・国神）を勧請して中堂の鎮守としたもの。

竹台（南）
日吉大社の山王七社の神々

竹台（北）
日本国中3700余社の神々

江戸時代の根本中堂の様子　天台宗公式HPより

北は「筠篠」と呼ばれ3700余社の神々を、南は「叢篠」と呼ばれ日吉山王七社の神々を勧請したもの。日吉大社西本宮にも同様の竹台がある。

「傳教」の勅額

中陣中央には玉座があり、その上に昭和天皇直筆の「傳教」と書かれた勅額（縦約2m、横約1.5m）が掲げられている。

百花図

中陣の格天井には、各地の大名が献上した様々な草花や地元の名産などがお供えとして描かれている。百花図だが実際は約200枚ある。

大名柱

ひとかかえ以上もある太さの柱は、江戸時代に再建された際、諸大名から欅が寄進されたため大名柱と呼ばれる。

柱の数は76本ある。

傳教と書かれた勅額

格天井に描かれた百花図

根本中堂中陣・外陣　大名柱

両界山　横蔵寺縁起

横蔵寺は、最澄が開いた天台宗の修行道場とされていた。

元亀の法難後廃れていたが慶長（1596〜1615）年間に再建された。

横蔵寺では最澄自作の薬師如来像が本尊とされていたが、元亀の法難により延暦寺根本中堂の薬師如来が焼失したため、再建の際、横蔵寺の薬師如来像は延暦寺に移され根本中堂の本尊となっている。

横蔵寺

宗派　　天台宗
開山　　伝教大師　延暦20年（801）

この薬師如来像は最澄が根本中堂に祀ったものと同じ木から刻まれたと伝える。

横蔵寺パンフレット参考

横蔵寺：岐阜県揖斐郡揖斐川町谷汲神原、西国三十三所巡礼の満願礼所「谷汲山・華厳寺」より8km

②宮沢賢治歌碑

ねがわくは　妙法如来　正遍知

　　　大師のみ旨　成らしめたまえ

宮沢賢治

宮沢賢治歌碑

宮沢賢治（雨ニモマケズなど詩人、童話作家）が根本中堂の前で詠んだ句。根本中堂入り口右手にある。

賢治の父は浄土真宗、賢治は日蓮宗（法華経）であったので仲たがいをしていた。しかし大正10年（1921）最澄1100年大遠忌のときに一緒に延暦寺を参拝し、親鸞も日蓮もこの地で修行し、どちらの宗派も元は同じひとつの宗教であったと知り、和解したといわれる。

③伝教大師童形像

宮沢賢治歌碑
山家学生式
伝教大師童形像
シャクナゲの花
伝教大師像

小さな仏像を手に持つ伝教大師童形像

最澄のご遺訓に

> 我れ生まれてよりこのかた、口に麁言（荒々しい言葉）なく、手に答罰（答で打つこと）せず、今我が同法（道を同じくするもの）童子を打たずんば、我がために大恩なり。努力めよ 努力めよ。

とある。この童形像は最澄の児童に対する心を世に伝えるものとして全国の小学校児童の一銭拠出金によって昭和12年に建立された。

2. 文殊楼院（重文）〜延暦寺東塔の楼門・中国五台山に由来した文殊菩薩

根本中堂の正面高台に建つ楼門。坂本からの表参道である本坂を登り切った東塔伽藍の玄関口で、20mほど眼下に壮大な根本中堂の屋根と廻廊を見下ろす。

文殊楼院

文殊楼院から見た根本中堂

33

本尊：文殊菩薩 （獅子の背に乗っている）

　上層の仏間には文殊菩薩座像と四天王立像が祀られている。四種三昧のうち常坐三昧を実修するための堂として建てられたもので、常坐三昧院、もしくは一行三昧院とも呼ばれる。

　創建は貞観3年（861）慈覚大師円仁が、中国文殊信仰の聖地、五台山巡礼より持ち帰った霊石を五方（東・西・南・北・中）に埋めて着手、円仁入滅後に五台山の香木を胎内に納めた文殊尊像を弟子たちが造り、安置し完成したと伝えられている。

　その後康保3年（966）の火災により焼失したが、良源によって再興され、その後も数度の火災と再建を繰り返している。現在の建物は、寛文8年（1668）徳川家光の再建によるもので上層を以前の建物に習った禅宗様、下層前面にあった釣鐘形の花頭窓は正面のみを残す和様に変更されている。

文殊楼看板参考

　円仁は15歳で最澄に師事。最澄入滅後45歳で入唐、9年3か月間滞在し念仏や密教を学ぶ。横川を開いた第3世天台座主。

　文殊菩薩は釈迦如来の脇侍として普賢菩薩と共に祀られる。三人寄れば文殊の知恵という慣用句で知られる。文殊菩薩は、物事の正しい

合格祈願の絵馬がかけられた壁

在り方を見極める力と判断力に優れ、その智慧で人々を悟りへ導くとされる。

④漢俳碑

きふ
亀趺

文殊楼院近くにあるこの碑は、比叡山開創1200年にあたり、比叡山と1200年来友好関係を重ねて来た中国仏教を代表して、趙 樸初氏から漢俳（漢文の俳句）の5首が贈られた歌碑。　（昭和62年8月2日除幕）

石碑の台になっている大型の亀は中国における伝説上の生物「亀趺」。亀は万年の寿齢を保つことから、その背に石碑を乗せることで碑が永遠に後世に残ることを念じて建てられている。

⑤慈鎮和尚慈円の歌碑　（百人一首95番）

慈円歌碑

おほけなく

　　うき世の民に　おほふかな

　　　　わがたつ杣に　墨染の袖　　慈円

身のほどもわきまえないことだが、このつらい浮世を生きる民たちを包みこもう。比叡の山に住み始めた私の墨染の袖で。

慈円は摂 政関白藤原忠通の子で天台座主を4度勤めた。歴史書『愚管抄』作者。以下は歌人でもある慈円が若年、比叡山を日本一の山と崇めて詠んだ歌。

世の中に

　　山てふ山は　おほかれど

　　　　山とは比叡の　御山をぞいふ　　　　慈円

⑥国連平和の鐘

文殊楼の境内にある鐘楼で世界106か国から提供を受けたコインやメダルを銅と合金にして鋳造されている。

ニューヨークの国連本部に寄贈された「世界平和の鐘」の趣旨を継続するもので、戦争の悲惨さ、核兵器の廃絶、平和の尊さを訴える平和の象徴。

⑦星峯稲荷社
（ほしみね）

本尊　荼枳尼天（稲荷）

文殊楼院の北側に建つ星峯稲荷社の本尊荼枳尼天（だきにてん）は六道の衆生を救う辰狐王菩薩（しんこ）。延暦年間に白雪の神狐となり、この地、星の峰に現れ諸人の罪や穢れを祓い福徳を施した。（けが）（はら）（ほどこ）

星峯稲荷社看板参考

星峯稲荷社　鳥居

⑧総持坊と尋禅
（そうじぼう）（じんぜん）

総持坊

一つ目小僧

第19世天台座主慈忍和尚尋禅（じにんかしょうにん）は良源（元三大師）の高弟で（こうてい）、ことのほか戒律にきびしかった。

尋禅は死後も一つ目で一本足の妖怪に姿を変えて僧たちを叱咤し続けたという。（しった）

総持坊説明看板より

根本中堂から少し下がった総持坊の玄関には妖怪姿の看板が掛けられている。

⑨八部院
（はちぶいん）

「九院」の1つで根本中堂の北西の東塔北谷八部尾（お）にあり、妙見菩薩を本尊とするので妙見堂とも呼ばれている。最澄が延暦9年（790）に創建した堂である。元亀の法難後は天正20年（1592）に再興、昭和62年に新建立されたが焼失、現在の建物は平成4年に復興したものである。

武　覚超著『比叡山諸堂史の研究』参考

※「九院」：第6章 最澄の堂塔伽藍構想参考

八部院

創建　延暦9年（790）
本尊　妙見菩薩

3. 大黒堂　〜三面大黒天を祀る

本尊　大黒天

弁財天
大黒天
毘沙門天

鎗(槍)

如意棒

利剣

鎌

宝鍵

宝珠

比叡山大黒堂
三面六臂大黒天（さんめんろっぴ）

第2章 東塔エリア

　最澄が根本中堂を建てる際、守護神として大黒天を祀り、比叡山の平安と庶民の財福を祈ったのが始まり。

　三面大黒は日本で最初の三面を持った尊天（そんてん）で、6本の手には衆生（しゅじょう）の福徳を叶え苦難を除く様々な道具を持っている。

- ●**大黒天**は米俵の上に立ち、左手に「願いを叶える如意宝珠（にょいほうじゅ）」、右手には「煩悩を断ち切る智慧（ちえ）の利剣（りけん）」を持つ
- ●**弁財天**は左手に「福を集める鎌」、右手には「世福を収納し、人々の願いに応じて福を与える宝鍵（ほうけん）」を持つ
- ●**毘沙門天**は左手に「七財を自由に施す如意棒（にょいぼう）」を持ち、右手には「魔を降す鑓（やり）（槍）」を持つ

比叡山三面大黒天縁起

　1200年の昔、当山開祖　伝教大師最澄上人が根本中堂ご創建の折、一人の仙人が現れました。

　大師は「あなたは、どなたですか、そして何しにこられましたか」と尋ねると、その仙人は「普利衆生（ふりしゅじょう）、皆令離苦（かいりょうりく）、得安穏楽世間之楽及涅槃楽（とくあんのんらくせけんしらくぎゅうねはんらく）」と『法華経』のご文を唱えて答えられました。これを聞いた大師は「それなら修行する多くの僧侶達の食生活と健康管理のため、比叡山の経済を守ってください」と申され、仙人は「毎日3000人の人々の食料を準備しましょう。それから私を拝むものには福徳と寿命を与えます」と約束されましたので、大師は「この人こそ大

黒天に違いない」と思い、早速身を浄め、一刀三拝して尊像を彫み、安置されたのがこの三面大黒であります。

　その後、豊臣秀吉がこの三面大黒天に出世を願い遂に太閤となったことから三面出世大黒天と尊称され福徳延寿をお授けになる大黒天として、自他安楽の道を願う人々に福徳を授け続けておられます。　　　　　　　合　掌

比叡山延暦寺　大黒堂パンフレットより

⑩ 要 の地蔵尊

　大黒堂東側にある小さな祠は本坂の「花摘堂」にあった石地蔵尊を移したもので、「要の地蔵尊」と呼ばれる。

ミツバツツジ

最澄の母と花摘堂

　坂本から東坂（本坂）を通り根本中堂までは約3km。かつて比叡山は修行の地として女性の入山を認めていなかったが、年に一度仏誕日の旧暦4月（今の5月）8日だけは本坂の途中にある花摘堂までの参拝が認められた。

　人々はこの地に峯の花を摘んで捧げ、花摘堂と名づけた。

武　覚超著『比叡山諸堂史の研究』参考

　最澄は母に会うためここまで下山し、母子が会った場所である。本坂には5か所の宿（休憩所）があったが、現在はすべて旧跡となっている。昭和54年、この地に「花摘堂跡」の石碑が建てられた。

　花摘堂のあたりはかつて「要の宿」と呼ばれた。天台座主を務め歌人として知られる慈鎮和尚慈円は、本坂を登ったとき、このあたりで休み琵琶湖を眺めて

　　唐崎の　松は扇の要にて

　　　こぎゆく舟は　墨絵なりけり　　慈円

と詠んだことに由来する。

本坂の花摘堂跡石碑

⑪大黒堂前の摩尼車

本来は経文が刻まれ、摩尼車を一回転するとそれを読んだ功徳があるとするもの。
「願い事をして車を回すと願いが叶う」と記されている。

⑫大塔宮遺跡碑

大黒堂の横に建てられた遺跡碑。

後醍醐天皇の第3皇子である護良親王は、18歳で比叡山に上り、20歳で第116世座主に、また第118世座主に復帰した。

皇室には珍しい武芸の達者で、日夜比叡山の僧兵を相手に修練を積み『太平記』に「いまだかつて、かかる不思議の御門主はおわしまさず」と評された。

『京都・世界遺産手帳　延暦寺』参考

⑬傳教・比叡碑

「傳教」の文字

「比叡」の文字

大黒堂を挟んで両側に置かれた碑は書家であり、延暦寺大僧正の豊道春海の筆。
行書で「傳教」と、篆刻で「比叡」と書かれている。

⑭登天天満宮 (とうてんてんまんぐう)

鐘楼

登天天満宮

已講坂

大講堂の鐘楼に向かう已講坂(いこうざか)登り口の登天天満宮

祭神　菅原道真公

東風吹かば　匂いおこせよ　梅の花　主(あるじ)なしとて　春なわすれそ
　　　　　　　　　　　　　　　　　　　　　　　　　　　　　　　　　　道真

　菅原道真公(みちざね)が九州大宰府に左遷(させん)された際、都を恋い慕い詠んだ和歌。

　亡くなった後も悪疫(あくえき)や天災地変が相次いだので、人々は道真の怨(うらみ)であると恐れた。醍醐天皇の命により比叡山東塔(とうどう)に住む法力のすぐれた尊意和尚(第13世天台座主)が怨霊(おんりょう)封じをしたが、苦しまぎれの道真の怨霊は尊意を襲った。しかし、その後尊意の説法に心を改(あらた)め懺悔(さんげ)した。以来「十一面観音菩薩となった自分を祈る者は、災難からのがれしめよう」と誓い稲妻の如くに白煙となって天に登ったと云われる。

　ここから、登天天満宮の名があり、雷除(かみなりよ)けの天神様と云われている。

登天天満宮 旧看板参考

⑮牛の石像

　一生を人間のために尽くす牛の供養を実践していた中山通幽(つうゆう)は、明治維新の神仏分離や境内地没収などで、延暦寺が窮乏を極めた際、根本中堂の不滅の法灯を灯すための油を、自ら背負って寄進を続けた。

　さらに昭和9年に根本中堂付近の参道に牛の銅像を寄進したが、第2次世界大戦のため拠出され、代わりに石像がここ已講坂に安置された。

牛の石像説明看板参考

4. 万拝堂 ～日本の神々を奉安する平成の堂舎

建立　平成8年（1996）

比叡山の回峰行者が、日本全国の神と仏を遙拝することから名付けられた堂。

千手千眼観音菩薩を本尊とし、天台・伝教両大師像、更に毎月の1日から30日を守護する三十番神像が奉安されている。

千手千眼観音菩薩

伝教大師最澄

天台大師智顗（ちぎ）

数珠（じゅず）

万拝堂内観

三十番神

八王子大明神　苗鹿大明神

腰の高さに大きな数珠（じゅず）が本尊を囲み、この数珠玉に手を乗せ像の回りを一周すると日本中の神社仏閣を回ったことと同等とされる。

千手千眼観音菩薩とは、千本の手に一つずつ目があり、生きとし生けるものをもらさず救う観音菩薩の変化身と考えられている。慈悲深く力の広大な仏さまとされる。

三十番神
さんじゅうばんじん

　三十番神とは1か月30日間、毎日交代で国家と国民を守る神様のこと。

　『法華経』の法師功徳品には、諸天たちが仏教者を守護する為に現れると説かれている。最澄が比叡山をひらく際、諸神を祀ったのが始まりといわれている。

万拝堂:法華経守護神(三十番神)早見表参照

法華経守護神(三十番神)早見表

日付	守護神	本地佛	御本宮	所在地
1日	熱田大明神	大日如来	熱田神宮	名古屋市熱田区神宮
2日	諏訪大明神	普賢菩薩	諏訪大社 上宮・下宮	長野県諏訪市・諏訪郡
3日	廣田大明神	勢至菩薩	廣田神社	神戸市中央区下山手通
4日	気比大明神	大日如来	気比神宮	福井県敦賀市曙町
5日	気多大明神	文珠菩薩	気多神社	石川県羽咋市寺家町
6日	鹿島大明神	十一面観音菩薩	鹿島神宮	茨木県鹿嶋市宮中
7日	北野大明神	十一面観音菩薩	北野天満宮	京都市上京区馬喰町
8日	江文大明神	地蔵菩薩	江文神社	京都市左京区大原野村町
9日	貴船大明神	不動明王	貴船神社	京都市左京区鞍馬貴船町
10日	天照皇大神	大日如来	伊勢神宮(内宮)	三重県伊勢市宇治館町
11日	八幡大菩薩	釈迦如来	宇佐、石清水	大分県宇佐市・京都八幡市
12日	賀茂大明神	釈迦如来	賀茂御祖神社	京都市左京区下鴨泉川町
13日	松尾大明神	毘婆戸佛	松尾大社	京都市西京区嵐山宮町
14日	大原野大明神	弥勒菩薩	大原野神社	京都市西京区大原野
15日	春日大明神	釈迦如来	春日大社	奈良市春日野町
16日	平野大明神	釈迦如来	平野神社	京都市北区平野宮本町
17日	大比叡大明神	釈迦如来	日吉大社(西本宮)	滋賀県大津市坂本5丁目
18日	小比叡大明神	薬師如来	日吉大社(東本宮)	滋賀県大津市坂本5丁目
19日	聖真子大明神	阿弥陀如来	日吉大社(宇佐宮)	滋賀県大津市坂本5丁目
20日	客人大明神	十一面観音菩薩	日吉大社(白山宮)	滋賀県大津市坂本5丁目
21日	八王子大明神	千手観音菩薩	日吉大社(牛尾宮)	滋賀県大津市坂本5丁目
22日	稲荷大明神	如意輪観音菩薩	伏見稲荷大社	京都市伏見区深草藪ノ内町
23日	住吉大明神	虚空蔵菩薩	住吉大社	大阪市住吉区住吉
24日	祇園大明神	薬師如来	八坂神社	京都市東山区祇園町
25日	赤山大明神	馬頭観音菩薩	赤山禅院	京都市左京区修学院
26日	建部大明神	大日如来	建部大社	滋賀県大津市神領
27日	三上大明神	千手観音菩薩	御上神社	滋賀県野洲市三上
28日	兵主大明神	文殊菩薩	兵主神社	滋賀県野洲市五条
29日	苗鹿大明神	地蔵菩薩	那波加神社	滋賀県大津市苗鹿
30日	吉備大明神	虚空蔵菩薩	吉備津神社	岡山県岡山市吉備津

⑯世界宗教者平和の祈り記念碑

　「世界平和宗教者の祈りの集い」は比叡山が宗教の母山であり、最澄が人材育成を目指したことから昭和62年（1987）8月4日以来、毎年この日に比叡山で開催される。

　この行事は新たな天台宗の役割として、キリスト教、仏教、イスラム教、ユダヤ教、ヒンズー教、シーク教、儒教、神道などの宗教指導者が比叡山に集い、民族や宗教の違いを超えて一同に世界の平和を祈る。

平和の祈り記念碑　昭和63年（1988）建立

34周年（令和3年）大型モニターの前で黙祷する参列者

5. 大書院 （登録有形文化財） ～迎賓館として東京より移築

昭和天皇の即位に合わせ、昭和3年（1928）東京赤坂の旧村井邸を移築した純日本式建築物。大書院庭門と共に登録有形文化財。

通常は非公開。

大書院

⑰山王社 （重文）

大書院の入り口近くに鎮座する。

最澄が初めて山王と対面したと伝える勝地に大宮権現（大己貴神）を祀ったのを元とする。現在の建物は慶安2年（1649）に再興されたもの。

山王社

現建物	慶安2年（1649）
祭神	大宮権現（大己貴神）

⑱延暦寺会館

東塔境内にある宿房。

宿泊の他にも琵琶湖の眺望を楽しみながらの精進料理や喫茶もある。また、座禅や写経の修行体験をすることもできる。

梵字ラテ

延暦寺会館から琵琶湖を望む（対岸は守山市）

梵字

サンスクリットを表記する文字で、ブラーフミー文字の一種であり、仏教、特に密教と結びつき、東アジアで普及した文字。

薬師如来　文殊菩薩　大日如来　不動明王　阿弥陀如来　釈迦如来　弥勒菩薩

⑲厄除不動尊

　この地は東塔東谷において灌頂という天台密教における重要な儀式を行う道場であった。

　現在はその跡地に延暦寺会館が建てられ、その前に正覚院に祀られていた不動尊を安置し、参拝、宿泊者の旅行安全、厄難消除の不動尊として信仰されている。

延暦寺 HP より

厄除不動尊

⑳天梯権現社

　天梯山または飛来峰と呼ばれる峰にあり、天梯権現社の本地仏は虚空蔵菩薩とされている。

　この場所は横川の元三大師御廟、慈忍和尚廟とともに古来から比叡山の三大魔所としても知られている。

武　覚超著『比叡山諸堂史の研究』より

天梯権現社

比叡山と天狗

　平安後期の書物『今昔物語』と比叡山の天狗

●『今昔物語』巻二十第一話

　今は昔、天竺（インド）より中国に渡る道に、海の水が「諸行無常、是生滅法、生滅々已、寂滅為楽」と鳴るところがあった。インドの天狗が怪しく思い、水をたどり音の元をたずねていたずらしようと考えた。

　中国を過ぎてもまだ鳴っている。日本近海、博多、淀川、琵琶湖に至り、さらに比叡山の横川から出る川から聞こえる。天狗が天童に尋ねると、この水は比叡山の僧が学ぶ厠から流れ出ていると聞かされた。比叡山の僧の貴さを知ったインドの天狗は比叡山の僧になる誓いをたて姿を消したという。

●『今昔物語』巻二十第十一話

　今は昔、讃岐国（香川県）の万能池に住んでいた龍がヘビに化けていたときに

いたずら好きの天狗は鳶（とび）に化けてヘビを捕まえ洞窟に閉じ込めた。洞窟の中には水がなかったので、ヘビは喉が渇いて死にそうになった。次に天狗は比叡山から僧をさらってこの洞窟に連れてきた。僧は水を持っていたのでヘビはその水で復活し比叡山に僧を連れて帰ったという。

　この天狗は元々比叡山に住んでいた大天狗で太郎坊と並び称されていたが、最澄が比叡山に延暦寺を建立すると、次々と法力の強い僧侶達がやってきて天狗を比良山に追いやったという（比良山に追われた天狗は次郎坊といわれる）。

6. 大講堂 （重文） ～学問修行の中心・経典の問答や僧侶の試験を行う

大講堂は天長元年（824）に初代座主義真によって創建された。4年に1度（五年一会）行われる法華（ほっけ）大会（だいえ）をはじめ、経典の論義や講義などが行われる。

　現在の建物は、昭和31年（1956）焼失後昭和38年（1963）に、坂本にあった日吉東照宮の讃仏堂（さんぶつどう）を移築したもの。本尊大日如来の脇壇には伝教大師、天台大師、聖徳太子、桓武天皇そして、比叡山で修行された各宗の祖師像が各宗各派から奉安され祀られている。

　一遍（いっぺん）上人のみ立像であるのは「踊念仏（おどりねんぶつ）」を唱えるため。

| 一遍上人 | 眞盛上人 | 親鸞聖人 | 法然上人 | 良忍上人 |

十一面観音菩薩　　　　大講堂本尊　大日如来　　　　　弥勒菩薩

木像の配置

一遍上人	眞盛上人	親鸞聖人	法然上人	良忍上人	伝教大師	聖徳太子	大日如来	桓武天皇	天台大師	智証大師	栄西禅師	道元禅師	日蓮聖人

智証大師　　　　　栄西禅師　　　　　道元禅師　　　　　日蓮聖人

47

天台大師智顗

天台大師像

天台大師智顗（538～597）は、中国天台宗の開祖であり、中国の釈迦と呼ばれる僧。

あらゆる衆生は皆、仏となることができると示し、成仏のための教え（一乗）を説く『法華経』を中心とした仏教の体系を確立したのが智顗である。

天台宗は中国を発祥とする大乗仏教の宗派のひとつで、名称は開祖の智顗が天台山で悟りを開いたことに由来する。

智顗と最澄は並べて祀られることが多いが、智顗の頭には丸い禅鎮（坐禅の時にそれを落とさないことで、正しい姿勢を保つことができる）が乗っており、智顗と最澄の像を見分けるための基準となっている。

㉑聖女塚

大講堂に向かって左側の大樹（杉とヒノキ）前にある石塚。

延暦4年（785）、折から月明りの戒壇院の上空はるかより前唐院の庭に一人の女性が降臨するところを瞑想中の法性坊が見ていた。「この山は大師入山以来いまだ女人の登山を許しておらず、あなたはどこから来られたのですか」と問うと、「私はただの女人ではない、聖女である」と答えたという由緒によりその地に今の塚が造られたと『山門名所旧跡記』に記されている。

この聖女塚は下照姫神を祀る聖女社を勧請したものと考えられている。

景山春樹著『比叡山寺』より

聖女塚

比叡山の守護神日吉大社には、西本宮に大己貴神（大国主命）、その隣の宇佐宮には妻神である田心姫神、近くにはこの二神の子神である下照姫神が旧称聖女として祀られている。

㉒前唐院

創建　仁和4年（888）
本尊　慈覚大師円仁

第3世天台座主慈覚大師円仁の元住坊で円仁を本尊とする。

唐院とは中国（唐）に渡った僧の経蔵であり住坊の通称。唐院は円仁ゆかりの施設であったが、のちに入唐した円珍の唐院ができたため、前唐院とした。

円珍が園城寺（三井寺）に帰った後もそのまま前唐院と称される。

㉓開運の鐘

大講堂の前の広場に鐘楼がある。三塔の鐘楼の中で一番大きく「開運の鐘」と呼ばれ、誰でも撞くことができる。

鐘楼は昭和31年（1956）に焼失しその後再建されたもの。

大講堂鐘楼（開運の鐘）

鐘楼は四隅の柱を内転びとし、さらに各柱間に2本の角柱間柱を建てて12本の柱を貫でつないでいる。

この手法は延暦寺独特で大講堂鐘楼のほか、西塔鐘楼、横川鐘楼、無動寺谷明王堂鐘楼で見られる。

西塔鐘楼

横川鐘楼

無動寺谷鐘楼

7. 国宝殿　～比叡山の歴史がたどれる　仏像・仏画・書跡などを展示

国宝殿入り口

国宝殿内部

　国宝殿の名は「一隅を照らすこれ即ち国宝なり」という言葉から名づけられた。

　伝教大師の御真筆『天台法華宗年分縁起』をはじめ、国宝・重要文化財を含む仏像・仏画・書跡など貴重な文化財を管理・保管している。平成4年（1992）開設。

㉔元亀兵乱殉難者鎮魂塚

　比叡山の焼き討ちは元亀2年（1571）9月12日で、延暦寺では「元亀の法難」と呼び、毎年この日に全ての霊を弔う法要を行っている。

平和の塔　元亀兵乱殉難者鎮魂塚

㉕「登叡成佛」の碑

　開山した最澄の直筆が、高さ約3mの青石（緑泥片岩）に彫られている。「比叡山に一歩踏み入れただけで成仏に近づきますよ」という意味。　　　（東塔バスセンター売店横）

登叡成佛の碑

50

8. 戒壇院 (重文)　〜最澄が念願した大乗戒を受けるための重要な仏堂

| 創建 | 天長4年(828) |
| 現建物 | 延宝6年(1678) |

僧侶が大乗戒(戒律)を受ける比叡山中で最も重要なお堂。わが国に初めて大乗戒壇院を建立するため、心血が注がれ、伝教大師の入滅直前に勅許が下り、入滅7日後に太政官符が下った。天長5年(828)第1世義真座主により創設されたお堂である。年に一度授戒の時のみ扉が開かれる。

戒壇院　内部

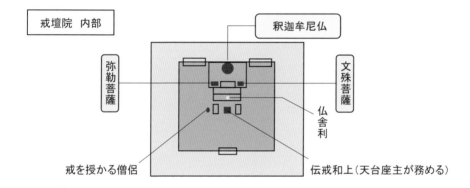

釈迦牟尼仏
弥勒菩薩
文殊菩薩
仏舎利
戒を授かる僧侶
伝戒和上(天台座主が務める)

　院内には授戒する僧侶を左右から見守る形で弥勒菩薩、文殊菩薩、そして正面の釈迦牟尼仏が鎮座する(授戒三聖という)。ここでは天台座主を介して、釈迦から直接「円頓戒」(大乗の戒律)を授かり正式な菩薩僧となる。

奈良時代の戒律

　悟りを目指して清浄な心身を得るための生活規範を「戒」、集団の規則を「律」という。

　唐の僧鑑真が天平勝宝6年(754)平城京に戒律を伝えてから日本での「戒律」は確立し、この戒律を受けることで正式に国が定める僧侶となる。最澄も20歳で奈良東大寺で授戒し正式な僧となった。

受戒は戒壇という施設で、一定の有資格者の僧の指導のもとに行われるが、奈良時代後半の日本で戒壇をもつのは、奈良県奈良市の東大寺（755年建立）、福岡県大宰府市の筑前観世音寺（761年建立）、栃木県下野市の下野薬師寺（761年建立）の3か寺のみであった。

大乗戒壇独立

最澄の時代、南都の戒壇は小乗の戒のみであった。それは『四分律』に基づく具足戒（比丘250戒、比丘尼348戒）を内容としていた。最澄はこの具足戒は自らの悟りのみを目指す小乗の戒律だとしてこれを棄捨した。そして全ての人々を救済する利他の心が大切だとしてその実践を説く『法華経』や『梵網経』に基づく大乗戒を確立しようとした。

小乗の具足戒を捨て去り大乗戒の独立を望む最澄に、反対派の僧綱たちは強い反発を続けた。『天台法華宗年分縁起』（天台法華宗の年分度者および大乗戒壇設立に関わる文章）を著わし、朝廷に提出してから約4年、最澄の入滅直前に勅許がくだる。そのすぐ後、大乗戒壇独立に晩年の全てを注いだ最澄は57年の生涯をとじる。

その5年後の天長4年（827）に初代座主義真により戒壇院が建立された。

伝教大師一千二百年大遠忌『最澄と比叡山』記念冊子参考

52

9. 阿弥陀堂 ～全国の檀家・信徒の先祖回向の道場

創建　昭和12年（1937）

阿弥陀堂は昭和12年（1937）に比叡山開創1150年記念として建立された。

全国の檀信徒先祖の冥福を願い、日々念仏が称えられる滅罪回向の道場である。

本尊は丈六の阿弥陀如来坐像。

第2章 東塔エリア

阿弥陀堂内陣

阿弥陀如来とはサンクスリット（古代インド語）でアミターバーといい、西方の極楽浄土の教主で、生あるもの全てを救い死後は極楽世界に導くとされる。

丈六の阿弥陀如来

仏像の標準的な高さは丈六といい、1丈6尺（約4.85m）とされる。座像の場合は半分の8尺（約2.4m）だが、それも丈六という。阿弥陀堂の本尊は座像で「丈六の阿弥陀」と呼ばれる。丈六より大きいものは大仏と呼ばれる。

菩薩から如来へ

　菩薩が如来となる修行過程には52の段階（52位）があるとされ、最も如来に近いとされる弥勒菩薩は51段目まできており、あと一歩で如来に到達するといわれる。

阿弥陀堂に上る52段の石段

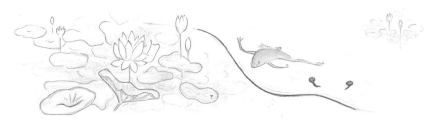

法華総持院

　法華総持院は、東塔（多宝塔）、灌頂堂、灌頂阿闍梨坊があり、これらは回廊により結ばれている。

　法華総持院の、法華は『法華経』、総持は「密教」を意味し、最澄が法華と密教の一致を主張したことが堂名よりうかがえる。

法華総寺院　阿弥陀堂　東塔　灌頂堂

東塔と阿弥陀堂の間を進むと浄土院・西塔への参道となる
水琴窟

10. 法華総持院東塔 <ruby>法華総持院東塔<rt>ほっけそうじいんとうとう</rt></ruby> ～六所宝塔の総塔 近年約500年ぶりに復興された

東塔

創建	貞観4年（862）
現建物	昭和55年（1980）

最澄が全国6か所に宝塔を建て、国家と国民を護る計画を発願。法華総持院東塔はその総塔にあたり、慈覚大師円仁により創建された。円仁が入唐中に見聞した長安にある青龍寺の鎮国道場の形態を模して建立されたと伝える。

長く途絶えていたが、昭和55年（1980）鎌倉時代の絵図を手がかりにほぼ創建当時の姿を再現し、約500年以上を経て再建された。

胎蔵界大日如来五仏　　　　　　法華総寺院東塔内部

法華総寺院東塔の一階には胎蔵界大日如来座像、二階には釈迦の教えである『法華経』千部を安置する。

　大日如来とは密教の教主、宇宙の実相を仏格化した根本仏で、あらゆる仏・菩薩の本地であるとされる。天台宗では釈迦如来と大日如来を同体とする。

　須弥壇に祀られる胎蔵界大日如来五仏とは、大日如来を中心として、東に宝幢、南に開敷華王、西に無量寿、北に天鼓雷音の五如来をいう。

　この胎蔵界大日如来五仏須弥壇の裏側には金剛界五仏といって、大日如来を中心に、東に阿閦、南に宝生、西に無量寿、北に不空成就の五如来が描かれている。

金剛界五仏　　　　　　　　　　　　　　　　　　法華総寺院東塔内部

胎蔵界・金剛界

　「胎蔵界」「金剛界」の両方を合わせて「両界曼荼羅」といい、密教における二つの世界（宇宙観）を表わしている。

　胎蔵界は理性（本来存している永遠なる悟りの本質）を表す大日如来、金剛界は叡智（悟りを得るために必要な智徳）を表す大日如来で、それぞれの世界の仏の配置図を曼荼羅という。

　どちらの曼荼羅にも中央には大日如来が描かれており、大日如来は宇宙の全てをつかさどる中心的な存在とされる。

六所宝塔

　最澄は弘仁9年（818）に『六所造宝塔願文』を著し、国家鎮護のため『法華経』千部を各宝塔に安置することを企画した。日本全国の6か所に計画されたが、東西南北の中央に山城宝塔院、日本国総安鎮（あんちん）として近江宝塔院を位置づけている。山城宝塔院は「西塔院」ともいい、近江宝塔院は「東塔院」とも称して、のちに発展する横川と合わせて「比叡山三塔」とされる起源となった。

　六所宝塔のうち、最澄生前中に完成したのは弘仁8年（817）に東国を廻り、最澄自ら建立した上野（こうずけ）（東）下野（しもつけ）（北）の2基のみである。

六所宝塔分布図

安東
上野宝塔院
（群馬県多野郡鬼石町　浄法寺）
817年建立

安総
近江宝塔院（比叡山東塔）
862年建立

安北
下野宝塔院
（栃木県下都賀郡
岩舟町　大慈寺）
817年建立

安中
山城宝塔院（比叡山西塔）
923年建立

安南
豊前宝塔院（大分県宇佐市　宇佐神宮）
935年頃建立

安西
筑前宝塔院
（福岡県大宰府市　宝満山（ほうまんざん））
933年建立

武　覚超著『比叡山諸堂史の研究』参考

11. 山王院（千手院） ～最澄創建と伝わる　本尊は比叡山最古の木彫像
さんのういん　せんじゅいん

山王院

創建	延暦年中
現建物	天和3年（1683）
本尊	千手観音菩薩（国宝殿に奉安）

千手観音菩薩 立像（重文）
りゅうぞう

最澄が延暦年中（782～806）創建したと伝えられている。

第5世天台座主智証大師円珍の住房で、円珍は円仁の後に入唐したので後 唐院ともいわれる。
ちしょう
のちのとういん

境内に鎮守・山王権現を勧請して祀るので山王院と呼ばれる。また千手観音を祀るので千手堂とか千手院の名でも知られる。山王院の千手観音像は比叡山で最も古い木彫の仏像として重文に指定されている。

円珍座主の滅後100年、円珍派と円仁派の紛争が起こり、円珍派はここから円珍の木像を背負って大津園城寺（三井寺）へ移住したといわれる。この堂は歴史上きわめて重要なお堂である。
おんじょうじ

山王院看板参考

山王院

山王院へは法華総寺院の裏手を下り奥比叡ドライブウェイを横切る

武蔵坊弁慶が千日間籠って行をした堂と伝えられている。
こも

弁慶のひきずり鐘

　山門（比叡山）と寺門（三井寺）の抗争中、比叡山西塔の武蔵坊にいたという衆徒の弁慶は、三井寺焼討ちの先鋒として攻撃をしていた。ある時、三井寺の伽藍を焼き名鐘の一つを奪った弁慶はその鐘を比叡山まで一人で引いて帰り大講堂に吊るしたという。その時の鐘は三井寺に戻され傷がついたまま「ひきずり鐘」として保存されている。

弁慶

天台寺門宗 総本山園城寺（三井寺）本堂（金堂）

天台真盛宗 総本山西教寺 本堂

　比叡山延暦寺を総本山とする天台宗、及び大津市園城寺町の園城寺を総本山とする天台寺門宗、大津市坂本の西教寺を総本山とする天台真盛宗を合わせて「天台三宗」という。

㉖弁慶水

　山王院近くの大杉の間に豊富な閼伽水が地下より湧いており、小屋が建てられている。
　この霊水は「独鈷水」「千手水」「弁慶水」などの異称があり、その名の由来となったいくつかの伝説がある。

閼伽井の水

弁慶水などの伝説

●南都徳一、初めてわが山に登り大師にまみえて語りて曰く、この山無双の勝地なれどもただ恨むらくは山頭に水なく修道の助けなし。時に大師独鈷杵を用いて地を穿たば清水忽ちに流溢すること泉のごとし。故に独鈷水と名づく（独鈷水）。
●山王院千手観音の閼伽井なり（千手水）。
●武蔵坊弁慶、一千日夜に勇力を大士に祈り、この水を用いて浴身す（弁慶水）。
●平相国清盛、熱病の時この千手水を以って浴す。

武 覚超著『比叡山諸堂史の研究』より

独鈷杵

独鈷杵は古代インドの武器で、密教では煩悩を打ち砕くとされる。

12. 浄土院 〜侍真によって守られる比叡山の聖地

浄土院拝殿（重文）

伝教大師御廟（重文）

創建　斉衡3年（856）　　現建物　寛文2年（1662）

比叡山の開祖、伝教大師最澄の廟所で、比叡山中で最も清浄な聖域とされる。

最澄は一生を大乗戒の確立とその独立に捧げ、弘仁13年6月4日（822）中道院に於いて57歳で入寂した。

弟子の円仁が、斉衡3年（856）7月この地に大師の御遺骸を祀り中国五台山竹林寺の風を習い廟供を始めた。特に元亀法難後の江戸初期からは御廟を守る侍真と呼ばれる僧侶が生身の最澄がおられるかのように仕え、院内は塵ひとつ残さぬよう掃除されている。御廟の左右には菩提樹と沙羅が植えられている。

浄土院看板参考

阿弥陀堂
本尊　阿弥陀如来（秘仏）（最澄自作）

浄土院は阿弥陀如来（秘仏）を安置した阿弥陀堂と拝殿、御廟、そして侍真が住む政所からなる。

拝殿の奥には最澄の御廟がある。阿弥陀堂は御廟左に建つ。

釈迦がその木の下で悟りを開いたとされる菩提樹
釈迦が入滅した場所に生えていたとされる沙羅

菩提樹

沙羅（夏椿）

東塔から浄土院へ

十二年籠山 行
<ruby>籠山行<rt>ろうざんぎょう</rt></ruby>

　十二年籠山行は最澄の時代に始まり、最澄の御廟で給仕やお勤めを奉ずる<ruby>侍真<rt>じしん</rt></ruby>という職を定めたのは元禄（1688〜1704）からである。

　籠山僧は最澄のご宝前に食事を<ruby>献<rt>けん</rt></ruby>じ、坐禅止観、勉学、掃除を行いながら、世間と離れて12年間山を降りることなく朝課・晩課・献斎供養・阿弥陀供などの日課を日々欠かすことなく修されている。

　現行の籠山行に入るためにはまず<ruby>好相 行<rt>こうそうぎょう</rt></ruby>（仏の好相を感得するまで続けられる）を行い、十二年籠山行を行うための大乗戒を受ける。

13. ケーブル延暦寺駅　〜標高654mに建つ日本一長いケーブルの駅

ケーブル延暦寺駅

坂本ケーブル

ケーブル坂本駅

　坂本ケーブルは昭和2年（1927）開業。駅舎は大正14年（1925）に建てられたもので国の登録有形文化財。

　全長は2025m、日本最長。ケーブル坂本駅からケーブル延暦寺駅まで高低差484mを11分でつなぐ。

　途中に「ほうらい丘駅」と「もたて山駅」がある。

　ケーブル延暦寺駅前にはヤマガラ（山雀）が飛来し落花生などを差し出すと手の上に乗ってくる。

ヤマガラ

霊窟の石仏

　「ほうらい丘駅」に隣接する霊窟の石仏は、坂本ケーブル建設中に発掘された多数の石仏を集め安置したもの。元亀の法難で犠牲になった霊を慰めるため土地の人々によって刻まれたものと伝えられ、約250体の石仏が祀られている。

㉗天海住坊(南光坊)跡

　天海は徳川家康、秀忠、家光と徳川三代より厚い信頼を受け幕政にも参加していた。慶長12年(1607)72歳で比叡山南光坊に入り、元亀の法難により荒廃した比叡山を復興し、近世天台宗の基礎を築き慈眼大師天海とも呼ばれる。

　家康を東照大権現として日光東照宮に祀った。また寛永2年(1625)江戸(東京)上野に東叡山寛永寺を開いた。

天海は108歳まで生きたとされ、次が辞世の句である。

東塔への参道
第3駐車場横

　　気は長く

　　　勤めは堅く　色薄く

　　　　食細うして　心広かれ　　　天海

㉘大日如来石仏

　大日如来は大乗真言密教の仏で、宇宙の実相を仏格化した根本仏。密教の教主。

　ケーブル延暦寺駅から東塔受付に向かう参道左手に祀られている。

ケーブル延暦寺駅からの参道

大日如来石仏

ヤマアジサイ

第3章
無動寺谷エリア

無動寺谷は東塔の一谷で、建立大師相応が
創建した回峰行の本拠地

東塔（無動寺谷）全体図

とうどう

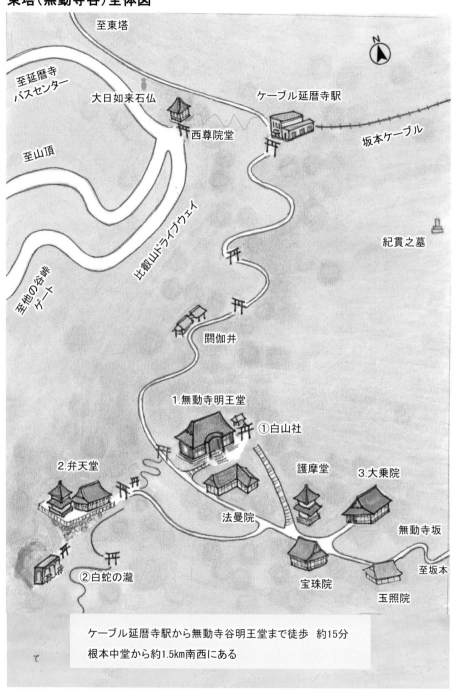

至東塔

至延暦寺
バスセンター

大日如来石仏

ケーブル延暦寺駅

西尊院堂

坂本ケーブル

至山頂

N

比叡山ドライブウェイ

紀貫之墓

至他の谷峠
ゲート

閼伽井

1.無動寺明王堂

①白山社

2.弁天堂

護摩堂

3.大乗院

法曼院

無動寺坂

②白蛇の瀧

宝珠院

至坂本

玉照院

ケーブル延暦寺駅から無動寺谷明王堂まで徒歩　約15分
根本中堂から約1.5km南西にある

64

1. 無動寺明王堂　〜千日回峰行の本拠、「堂入り」の修行の場

創建	貞観7年（865）
現建物	明治27年（1894）

慈覚大師円仁の弟子、建立大師相応は12年籠山に入ってのち、師の円仁から不動明王法ならびに護摩法などを伝授され、この無動寺谷に草庵を構えて修行した。その後、比良山の葛川（かつら）に参籠し、生身（しょうじん）（肉身（にくしん））の不動明王を感得したことによって貞観7年（865）に無動寺谷に仏堂を建立し、自作の不動明王を安置したと伝わる。　武　覚超著『比叡山諸堂史の研究』より

無動寺不動明王及び二童子座像　（重文）

千日回峰 行（せんにちかいほうぎょう）

7年間で千日間比叡山の山中や東麓の坂本、京都市街などを歩き、堂や社、水や草木、石などあらゆるもの約280か所に、ひたすら礼拝する修行。総歩行距離はほぼ地球一周に及ぶ。

「悟りに近づくため」というが、あえて千日歩ききるのではなく975日で終え、残り25日は一生かけて行（ぎょう）をする。

回峰行者

回峰行者は、頭には未開の蓮の葉を型取った笠をかぶり、白装束の草鞋履きで行う。腰には死出紐と降魔の剣を持つ。

最初の3年間は1年に100日、4・5年目は1年に200日ずつ、そして700日の後「堂入り」(9日間の断食、断水、不眠、不臥)の修行に入る。

6年目の100日は赤山苦行、7年目の100日は京都大廻り、最後の75日をもって満行となる。現在行われている回峰行は、平安前期に相応和尚により確立されたもの。相応は回峰行の始祖とされる。

①白山社

祭神　菊理姫神(白山姫神)

相応和尚

白山社前から琵琶湖を望む

白山社は明王堂の横に建っている。鳥居は仏教と神道の合一を表しているとされる「山王鳥居」。

白山姫神

天安2年(858)相応が比叡山東塔の無動寺を開創する際、一人の貴女に出会った。女人禁制の山であるのにどうしてこの山に女性がいるのかと尋ねたところ、「私は白山禅定主(白山姫神)であり、あなたを助けるため、ここに来て客人になります」と言って姿を隠したと伝えられている。

このことから山王七社のうち客人宮(白山姫神社)は相応によって勧請されたものとみられている。

日吉大社白山姫神社の祭神　菊理姫神
花咲てるみ著『日吉大社の神さま』より

武　覚超『日吉山王(第27号)』神仏習合の歴史より

2. 弁天堂　〜白蛇出現の霊地　比叡山三大弁財天の一つ

弁天堂

創建　寛永年間

弁天堂　内部

祭神　弁財天

　無動寺弁天堂は寛永年間（1624〜44）の創建。

　湖東の浄信士が、ある夜比叡の南山（無動寺谷）の巌険（がんけん）に白蛇の夢を見て、ここにやってきたところ、白蛇がとぐろを巻いているのを見て弁財天の 祠（ほこら）を建てたことが起源と伝えている。

（『山門名所旧跡記』P221より）

　毎年9月の巳（み）の日に「巳成金（みなるかね）」の大祭が行われる。

②白蛇の滝

　弁天堂奥には白蛇を祀る祠と白蛇の滝がある。

鳥居を下ると弁天堂への参道、明王堂は左へ

白蛇を祀る社

大乗院から見た
明王堂方面への坂道

3. 大乗院 ～親鸞自作の木像を祀る そば喰木像といわれる

本尊　そば喰い木造
　　　（親鸞聖人自作）

東塔参道の看板より

「そば喰い木像」と「大乗院の夢告」

　大乗院の如意輪観音より夢告を得られた親鸞は、同じく如意輪観音を本尊とする京都の六角堂に百日の参籠を決意し、毎夜大乗院を抜け出した。一日も欠かさず六角堂に参詣し、明け方には大乗院に戻るというもの。

　この親鸞の行動は噂となり他の僧侶達に不審をいだかせた。

　それを聞いた慈円は真偽を確かめようと、ある夜突然に僧侶を集め、皆にそばをふるまった。すると六角堂に行ったはずの親鸞が僧侶達と共にそばを食べたのである。さらに驚いたことに翌早朝、親鸞が朝もやの中帰ってきた。では昨夜そばを食べたのは誰だったのか。

　見ると親鸞の念じ仏である阿弥陀様の口もとにそばがついていたという。

　以来親鸞を悪く言う者はなく、親鸞の身代りとなった木像を「そば喰いの木像」として、大切に伝えたといわれている。

親鸞聖人

京都市頂法寺（六角堂）
にある親鸞堂

第４章 西塔エリア

西塔は第２世天台座主 寂光大師円澄が開いた地

本堂にあたる釈迦堂を中心とした区域

タニウツギ

西塔全体図

南尾谷　　奥比叡ドライブウェイ　　北尾谷

N

至東塔

③親鸞聖人
修行の地

④真盛上人
修学の地

⑤恵亮堂

1.常行堂

①箕淵弁財天社

⑦釈迦牟尼仏像

（にない堂）

⑧仏足石

受付

②五重照遇塔

1.法華堂

⑥鐘撞堂

2.椿堂

西塔政所

南谷

浄土院
（伝教大師御廟）

至東塔

西塔駐車場から釈迦堂まで徒歩　約6分

西塔駐車場から浄土院まで徒歩　約10分

西塔1周は徒歩　約1時間

70

4.瑠璃堂

北谷

北谷

北谷

5.黒谷青龍寺

⑨鐘楼

⑩十一面観音菩薩石仏

3.釈迦堂

⑫相輪橖

⑬六所社

⑪弥勒石仏

⑭牧水歌碑

北谷

大黒山
604m
▲

⑯雲井弁財天

東谷

⑰玉体杉へ

⑮本覚院

峰道レストラン

P

伝教大師御尊像

至横川

⑱小比叡明神社跡へ

⑲横高山（波母山）へ

1. 常行堂・法華堂（にない堂）（重文） ～四種三昧行の道場

常行堂
（念仏の教え）

法華堂
（法華経の教え）

← 京都府（山城）   滋賀県（近江） →

創建	寛平5年（893）
本尊	阿弥陀如来

創建	天長2年（825）
本尊	普賢菩薩

　西塔駐車場から釈迦堂に向かって左側が常行堂、右側が法華堂。両堂は渡り廊下で結ばれ法華と念仏が一体となっていることを示している。

　力持ちの武蔵坊弁慶がこの廊下を天秤にして担いだという伝説から「にない堂」とも呼ばれる。

　「法華堂」では『法華経』に基づき法華三昧という半行半坐の修行が行われる。

　「常行堂」では不眠不臥（横たわらない）で阿弥陀仏の名号を唱えながら90日間歩き続ける常行三昧が行われる。

四種三昧 行

　四種三昧は、比叡山で最も歴史の古い基本的な修行。中国の天台大師智顗著である『摩訶止観』に基づく修行で、次の四種がある。

```
                ┌─ 常坐三昧 （坐禅＝坐る）
                │
                ├─ 常行三昧 （行道＝歩く）
止観（四種三昧）─┤
                ├─ 半行半坐三昧 （坐禅と行道）
                │
                └─ 非行非坐三昧 （坐禅・行道以外）
```

①箕淵弁財天社
みのぶち

箕淵弁財天社は釈迦堂に面してお
り延暦寺三大弁財天のひとつ。

②五重照遇塔
しょうぐうとう

祭神　弁財天

照遇とは最澄の「一隅を照らす」をあらわす。
西塔駐車場から浄土院への分岐点に立つ。

③親鸞聖人ご修行の地
しんらんしょうにん

親鸞は、9歳の頃から20
年にわたり比叡山で修行を
積んだといわれている。

真盛上人修学之地　　　　　親鸞聖人ご修行の地

④真盛上人修学之地
しんせいしょうにん

真盛上人は19歳で比叡山に入り20年間修学した。文明15年から3年間黒谷
青龍寺に入り日課六万辺の念仏を修めた。その後坂本の西教寺に入り天台真
盛宗総本山とした。

⑤恵亮堂
えりょうどう

西塔の興隆に尽力した恵亮和尚
（800～859）を本尊として祀る。創建
は寛文4年（1664）。

真盛は生前「円戒国師寿塔」という
こくしじゅとう
自らの墓を作った。

円戒国師寿塔

恵亮堂

創建　江戸時代初期
本尊　恵亮和尚

2. 椿堂 ～聖徳太子ゆかりの地

創建	不明（聖徳太子の時代）
現建物	元禄17年（1704）
本尊	千手観世音菩薩

かつて聖徳太子（574〜622）が比叡山に登った際、常に護持していた観音像を安置して建てられたのが始まりといわれている。また堂のそばに杖として使った椿の枝を刺しておいたところ、その椿が芽を出し大きく育ったという因縁から、椿堂と名づけられた。

言い伝えによると聖徳太子はかつて如意輪観音像三体を奉安し、その中の一つ黄金二臂の像をこの堂に納めた。ただしこの如意輪像はわずか三寸（約9cm）であったので、のちに二尺一寸（約63cm）の千手千眼の木像を造り本尊とし、その中に胎内仏として三寸の金像を埋め込んだといわれる。

元亀の法難の際には本尊を園城寺（三井寺）に隠していたが、天正の再興に及んで本拠に戻したと伝えられる。

武 覚超著『比叡山諸堂史』

⑥鐘撞堂

境内には、かつて日吉王子宮を勧請した鎮守祠や宝蔵もあったと伝えられるが、現在は鐘撞堂が残っている。毎年4月22日には法要（聖徳太子講式）が営まれる。

3. 釈迦堂（転法輪堂）（重文）　～西塔の本堂　山内最古の建造物

創建　承和元年（834）	現建物　貞和3年（1347）	本尊　釈迦如来

釈迦堂は正式には転法輪堂といい、最澄自作の釈迦如来像（秘仏）を本尊とすることから釈迦堂と呼ばれる。第2世天台座主寂光大師円澄が建立した。

釈迦堂は西塔の本堂で、延暦寺に現存する最も古い建物である。

現在の建物は文禄4年（1595）に、豊臣秀吉の命により山麓の園城寺（三井寺）にあった貞和3年（1347）建築の弥勒堂を移築改修したもので、外陣に並ぶ大きな丹塗りの柱には移築した時のつなぎ目が見られる。内陣は根本中堂と同様に外陣より2m程低い土間になっている。

桁行7間、梁間7間で、入母屋造りの大きな屋根は栩葺を模した銅版葺、正面には12段の石段がある。

釈迦如来像　（御前立）

桁行と梁間

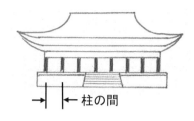

柱の間

　釈迦堂の桁行7間というのは正面から見て8本の柱があり、その間が7つあるという意味。建物の大きさを現す。

　梁間は側面からみたもの。

　釈迦堂は、桁行7間、梁間7間なので、ほぼ正方形の建物であることがわかる。

釈迦堂 内陣に祀られる神仏

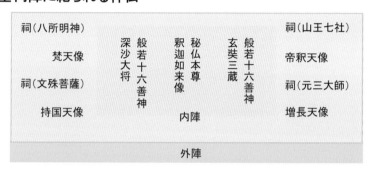

祠（八所明神）						祠（山王七社）
梵天像	深沙大将	般若十六善神	釈迦如来像	秘仏本尊	玄奘三蔵 般若十六善神	帝釈天像
祠（文殊菩薩）						祠（元三大師）
持国天像			内陣			増長天像
			外陣			

般若十六善神

深沙大将

般若十六善神

玄奘三蔵　　釈迦堂の内陣

八所明神： 伊勢　山王　八幡　賀茂　鹿島　祇園　赤山　熱田

山王七社： 西本宮（大己貴神）　東本宮（大山咋神）　宇佐宮（田心姫神）

　　　　　牛尾神社（大山咋神荒魂）　白山姫神社（菊理姫神）

　　　　　樹下神社（鴨玉依姫神）　三宮神社（鴨玉依姫神荒魂）

　　　　　随神として　早尾神社（須佐之男命）　大行事神社（大年神）

最澄自作と伝えられる釈迦如来像を中心に、両脇に梵天・帝釈天や持国天・増長天および十六善神が祀られる。十六善神は『般若経』を受持し読誦する者を守護する。

　『大般若経』や『般若心経』を天竺（インド）より伝え翻訳したのは玄奘三蔵である。

　釈迦堂内陣で般若十六善神と共に経論の入った笈を担ぐ旅姿の玄奘三蔵、それと対峙する形で祀られているのが深沙大将。

三蔵法師

　玄奘三蔵とは中国からインドに経典を求めて旅をした、中国・明代の小説『西遊記』にでてくる三蔵法師（602〜664）のこと。

　三蔵が砂漠の中で息絶えようとしている時、流砂の中より現れて守ったのが深沙大将であるといわれている。西遊記ではカッパ姿の沙悟浄として三蔵法師の手足となり働く、天界に住む神。

深沙大将　　　　　　　　玄奘三蔵

⑦釈迦牟尼仏像　⑧仏足石

　仏足石とは仏の足跡を刻みつけた石。

　古くは仏の像を刻むことをせず、仏がそこにいることを示す印として礼拝の対象とした。

釈迦牟尼仏像　　　　　　仏足石

⑨西塔の鐘楼(重文)

釈迦堂西の小高い地に建つ、建築年代は貞享年間(1684〜1688)と伝えている。

西塔 鐘楼

十一面観音菩薩

⑩十一面観音菩薩石仏

釈迦堂の左脇から、その裏手に伸びる山道を登りすぐ右手の細い道を行くと十一面観音菩薩石仏が佇んでいる。高さ約2mあり、若々しい顔つきでかすかに笑みを浮かべている。

⑪弥勒石仏

釈迦堂裏北側の丘にある、比叡山に現存する最古の石仏。

石仏は約2mの坐像で台座部分は別の石であるが、像身、台座の一部、光背は一石に彫られている。ふっくらとした顔つき.流麗な衣文.ゆったりとした姿などから鎌倉時代初期の作とみられる。

弥勒石仏(市指定文化財)

相輪橖

⑫相輪橖(宝幢院旧跡)(重文).

最澄の比叡山寺院構想の中で西塔に建立すべき寺として挙げられていた宝幢院だが、最澄在世中に建立できたのは宝幢院の一施設である相輪橖のみであった。

五重塔や多宝塔の屋上に建つ九輪の部分を相輪橖というが、これはインドの仏塔の原形に近い。円柱の表面には最澄が記した銘文が刻まれている。橖内には『法華経』や『大日経』などの経典が納められている。

⑬六所社

祭神　六所大明神

　相輪橖の東側にあり、伊勢、八幡、賀茂、鹿島、熱田、山王の六所大明神を祀る。

　これは恵亮が宝幢院建立にあたって鎮守としてここへ勧請したものと伝えられる。

　日吉大社の社外百八社のひとつである。

⑭若山牧水歌碑

　旅と酒の歌人、若山牧水は大正7年に西塔“本覚院”に一週間滞在し選歌や原稿をつづり遊んだ。

　当時の本覚院は荒れ果てていたが独り住む寺男と牧水は夜ごと杯を傾けてお互いの人生を語り合った。

　　比叡山の

　　　　古りぬる寺の　木がくれの

　　　　　　庭の筧を　聞きつつ眠る　　　牧水

⑮本覚院

本尊　慈恵大師良源

　慈恵大師良源（元三大師）初登山後の住坊と伝えられる。

　鎌倉期の良源木像（重文）を本尊としている。　　　武　覚超著『比叡山諸堂史の研究』より

⑯雲井弁財天（くもい）

祭神　弁財天

本覚院の前方に建てられている。

　一間社流造り（いっけんしゃ）の小社であるが、花崗岩の切り石を土台に据え、前方に鳥居がある。

　18世紀中期〜後期の建築と考えられている。

4. 瑠璃堂（るりどう）（重文）〜焼き討ちを免（まぬが）れた唯一の建物

現建物　室町時代後期
本尊　　薬師瑠璃光如来

薬師瑠璃光如来

　西塔北谷の本堂で、釈迦堂から西方向にやや下ったところにある。

　瑠璃堂は元亀の法難で兵火を免れた唯一の建物である。

　室町時代後期の建立と推定され、国の重要文化財に指定されている。本尊は、薬師瑠璃光如来。比叡山延暦寺の堂宇としては珍しく唐様が施された入母屋造り檜皮葺（ひわだぶき）の建物で、三間四方（さんげん）の正方形である。

　元慶（877〜885）年代の頃、本尊が光を放ち京の都を照らした。陽成天皇（ようぜい）が不思議に思い、その光はと尋ねたところ、ここにたどり着き、この寺が放光院の号を賜ったという逸話が残っている。

5. 黒谷青龍寺　～源空（法然）が25年間修業した地
（くろだにせいりゅうじ）

青龍寺

創建　江戸時代
本尊　阿弥陀如来

真盛　　若き日の源空（法然）

青龍寺阿弥陀如来

現在の本堂は江戸時代後期の建造とされ、本尊は阿弥陀如来。共に浄土宗の開祖、法然上人源空の座像も祀られる。

源空が18歳の時（久安6年1150）から25年間修行し浄土教確立の基礎を固めたことで知られる。

また、室町時代には天台真盛宗の開祖、真盛も文明15年（1483）に青龍寺で修学した記録がある。

黒谷青龍寺の開山は良源と伝えられる。

黒谷青龍寺への参道

第4章　西塔エリア

81

⑰玉体杉

京都御所

玉体杉から望む京都市内

　回峰行者は石の蓮台に座り、京都御所に向かって遙拝する。

　奥比叡ドライブウェイ峰道駐車場から北へ徒歩約15分。

玉体杉

蓮台石

東海道自然歩道

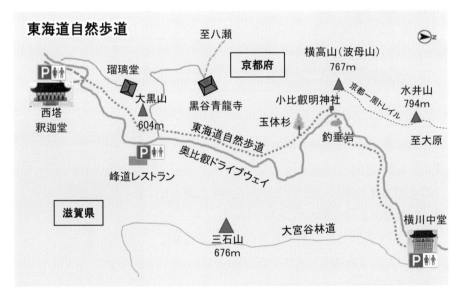

至八瀬

京都府

横高山（波母山）
767m

水井山
794m

瑠璃堂

大黒山
604m

黒谷青龍寺

小比叡明神社

玉体杉

京都一周トレイル

西塔
釈迦堂

東海道自然歩道

釣垂岩

至大原

峰道レストラン

奥比叡ドライブウェイ

滋賀県

三石山
676m

大宮谷林道

横川中堂

⑱小比叡明神社跡

日吉大社東本宮の祭神、大山咋神は神話時代に日枝山（比叡山）の八王子山に降臨した地主神であり、比叡山全体の守り神である。

小比叡明神社は八王子山の元宮で、大山咋神はこの地から八王子山へ降臨されたとされる。

玉体杉から東海道自然歩道を北に500m、奥比叡ドライブウェイの近くに小比叡明神社跡がある。

横高山は南の大比叡に対して小比叡・波母山と呼ばれ、東側山腹には小比叡明神社（二宮権現・地主権現）跡がある。石塔には右の文字が刻まれている。

小比叡明神社跡

地　主
権　現

大山咋神またの名は山末之大主神
近淡海國の日枝山にいまし　この
処にいでまして　　開山傳教大師
遇ひたまひき　歌ひましていはく
波母山や小比叡の杉の深山居は
あらしもさむしとふひともなし
影向山王小比叡明神と申す

⑲横高山（波母山）

比叡山横川バス停から峰道（東海自
然歩道）を徒歩約20分、奥比叡ドライブ
ウェイ下のトンネルを抜けると神体山で
ある横高山(767m)に出る。そのトンネ
ルの手前に回峰行者の参拝対象で
もある釣垂岩と呼ばれる磐座がある。

磐座（釣垂岩）

　一般に神体山は八王子山（牛尾山）をさすが、波母山にある釣垂岩と呼ばれる
巨岩も古代祭祀につながる場所ではないかとされる。

景山春樹著『神体山』参考

比叡山絵図　比叡山南渓蔵／室町後期（1495～1571）の絵図

玉体杉　小比叡明神社　二宮釣垂岩

武　覚超著『比叡山諸堂史の研究』より

84

奥比叡ドライブウェイ　モミジ

第5章 横川エリア

横川は第3世天台座主慈覚大師円仁が開いた地
横川中堂を中心とする区域

横川全体図

1.根本如法塔

①三十番神社

閼伽井堂

③龍ヶ池弁財天

②護法石

2.横川中堂

横川受付

一念寺跡

大宮谷林道

般若谷

⑦恵心堂

西塔から横川へは北へ約4キロ　車　約10分

横川一周は徒歩　約1時間

兜率谷

至坂本

至　4.求法寺走井元三大師堂

奥比叡ドライブウェイ

至仰木ゲート

至西塔

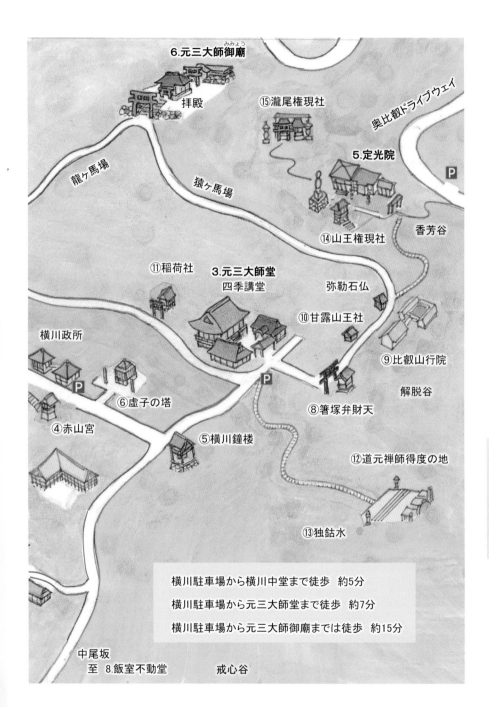

6.元三大師御廟

みみょう

拝殿

⑮瀧尾権現社

奥比叡ドライブウェイ

5.定光院

龍ヶ馬場

猿ヶ馬場

P

香芳谷

⑭山王権現社

⑪稲荷社

3.元三大師堂
四季講堂

弥勒石仏

⑩甘露山王社

横川政所

P

⑨比叡山行院

解脱谷

⑥虚子の塔

P

⑧箸塚弁財天

④赤山宮

⑤横川鐘楼

⑫道元禅師得度の地

⑬独鈷水

横川駐車場から横川中堂まで徒歩　約5分

横川駐車場から元三大師堂まで徒歩　約7分

横川駐車場から元三大師御廟までは徒歩　約15分

中尾坂
至　8.飯室不動堂

戒心谷

第5章　横川エリア

1. 根本如法塔　〜円仁が書写した『法華経』8巻を修めた横川発祥の聖地

建立	天長10年（833）
現建物	大正14年（1925）
本尊	釈迦・多宝如来

　　根本如法塔は横川発祥の起源である。

　如法塔は慈覚大師円仁が、根本杉の洞の地で始めた『法華経』の如法写経を伝えるために、塔中に写経を安置し祈念する塔で、円仁が大病を患い死と向かい合いながら天長10年（833、諸説あり）写経をした所に建てられている。（その後円仁の病は回復し、唐に渡っている）。

　　元亀の法難後大正14年（1925）再建。

①三十番神社

　如法塔のすぐ隣には如法経守護の三十番神社がある。

　創建当初に円仁が勧請したのは次の十二の大明神であったとされる。その後、延久5年（1073）に良正阿闍梨が十二神を三十神に改め今日に至っている。

東塔　万拝堂参考

祭神　　三十番神

1番	子日　伊勢大明神	7番	午日　平野大明神
2番	丑日　八幡大菩薩	8番	未日　大比叡大明神
3番	寅日　賀茂大明神	9番	申日　小比叡大明神
4番	卯日　松尾大明神	10番	酉日　聖真子大明神
5番	辰日　大原（野）大明神	11番	戌日　住吉大明神
6番	巳日　春日大明神	12番	亥日　諏波（諏訪）大明神

武　覚超著『比叡山諸堂史の研究』参考

2. 横川中堂　〜円仁が創建。遣唐使船をモデルにした舞台造りの寺院

創建　　嘉祥元年（848）
現建物　昭和46年（1971）

本尊　　聖観音菩薩・毘沙門天・不動明王

像高
171cm

聖観音立像（重文）

　横川中堂（根本観音堂）は横川の本堂で穴太衆積みの石垣に囲まれている。9年3か月間にわたる入唐求法の旅から帰国した第3世天台座主慈覚大師円仁は、嘉祥元年（848）9月に横川中堂を創建して聖観音像と毘沙門天像の二尊を安置した。

　この両尊は、円仁が入唐の際大風に遭遇し南海に没せんとした際、観音力を念じると毘沙門天が現れ、嵐が静まったという霊験により祀ったと伝えられる。その後、天延3年（975）に良源が横川中堂を改造した際に、等身の不動明王を祀った。

現在の聖観音菩薩と左右に不動明王と
毘沙門天を配する三尊形式は良源の時に
できたものである。

本尊の聖観音立像は度重なる火災にも
関わらず不思議に難を免(まぬが)れている。

元亀(げんき)の法難の後、天正12年(1584)に豊
臣秀吉の喜捨(きしゃ)を得て横川中堂を再興したと
伝えている。

その後慶長9年(1604)豊臣秀頼の母淀(よど)
君(ぎみ)が願主となって改造したが、昭和17年(1942)落雷のため焼失した。

現在の建物は伝教大師の1150年御遠忌(ごおんき)を記念して昭和46年(1971)4月に再興
された。　　　　　　　　　　　　　　　　　武　覚超著『比叡山諸堂史の研究』より

横川中堂の屋根の形は、円仁が乗った遣唐使船(けんとうしせん)になぞられた船形である。

遣唐使船

千体観音(せんたいかんのん)

横川中堂内の壁際には、本尊を囲むように約5千体の小さな観音像が整然と並
ぶ。これは参拝した信者らが分身として奉納した千体観音で、本尊の聖観音菩薩
をかたどっている。

横川中堂内部

②護法石(ごほうせき)

鹿島明神と赤山明神が姿を現した霊跡と伝わる。
影向石(ようごう)(神が降りた岩)の伝えでは　両明神共に比
叡山延暦寺の守護神である。

特に赤山明神は比叡山東麓の守護神日吉山王
に対して西麓の守護神である。

横川中堂前　護法石説明看板参考

横川中堂前の護法石

③龍ヶ池弁財天社

横川駐車場から横川中堂へ向かう龍ヶ池に
祀られる龍ヶ池弁財天（鳥居の扁額は「龍ヶ池
八大龍王」）。

この池には古来より龍と良源の伝説がある。

祭神　弁財天

龍ヶ池弁財天と龍神さま

昔、この池に大蛇が住みつき被害をもたらしていた。

これを知った良源は大蛇に向かい「汝は身を自在に変化させる不思議な通力を
持っていると聞くが本当か」と尋ねた。すると大蛇は「本当だ、俺にできないことは
ない」と答えた。そこで大師は「ならば大きくなってみよ」と伝えると、「お安いご用」
とばかりに十倍ほどの大きさに変身した。良源は「では私の手のひらに乗れるほ
ど小さくなれるか」と尋ねると、「承知」とばかりに小さくなり手の中に入った。手を
握り大蛇の動きを封じると大蛇は心を入れ替え仏に仕えることを誓うと新たに池の
守護神となった弁財天の侍者になったと伝えられる。　　　　龍ヶ池弁財天社看板参考

「相手の策略に陥る」の意味「その手に乗るな」の由来ともいわれる。

龍ヶ池

④赤山宮

慈覚大師円仁が入唐の際中国の赤山にある赤
山明神を守護神として受持し、その功徳により9年
3か月におよぶ入唐求法の旅が無事終わったの
で、帰国後この地に祀られた。　　　　　　「赤山

祭神　赤山明神

赤山禅院(京都市左京区修学院)

日吉大社　神猿

赤山禅院は仁和4年(888)第4世天台座主安
恵が師の円仁の遺命により赤山の神を祀るた
め創建した天台宗の寺院である。

京都御所の表鬼門にあたるため、拝殿の屋
根の上に御幣と鈴を持った猿が安置されてい
る。この猿は、御所の猿ヶ辻にも安置されてい
て、日吉大社の神の使いとされる神猿である。

---

⑤横川鐘楼

創建は貞享4年(1687)。この鐘楼は、四隅の柱に
加えて、間柱12本を用いており延暦寺独自の形が現
れている。

⑥虚子の塔

俳人で小説家でもある高浜虚子は比叡山を
愛し、横川に籠って小説『風流懺法』を書い
た。

その縁から生前の1953年に爪と髪を納めた
供養塔が建立された。

　清浄な　月を見にけり　峰の寺　　虚子

⑦恵心堂

恵心僧都源信（942～1017）は10代の半ば頃、横川に登り良源の弟子となる。恵心堂に住んでいたことが名の由来である。

南無阿弥陀仏をひたすら唱えることで極楽往生を期す念仏三昧の道場。

源信はこの堂に籠り『往生要集』などを

創建　天元3年（980）
本尊　阿弥陀如来

書き、地獄や極楽がどのようなものか、そして念仏往生の実践方法を示した。それらの思想が法然、親鸞、真盛などに大きな影響を与え、念仏信仰の根本となった。

現在の建物は山麓坂本の生源寺横にあった別当大師堂を移築再建したもの。

浮御堂

琵琶湖に浮かぶ大津市堅田の浮御堂（海門山満月寺）は、平安時代に源信が琵琶湖の湖上安全と生きとし生けるものを救い悟りへと導くため、湖中に仏閣を建立したとされている。

臨済宗大徳寺派の禅寺で、現在の建物は昭和12年に再建されたもの。

大津市堅田の浮御堂

滋賀県鳥
『カイツブリ（鳰）』

滋賀県花「石楠花」

琵琶湖と水の神

　山の神と結びついて水の神があるが、農耕の国日本では水は最も重要なものの一つであった。古来より雨量が足りないと降雨を願い、多すぎると災害が引き起こされないように水の神に祈ってきた。

　七福神の一柱である弁財天は仏、宗像三女神の一柱でもある市杵島姫命は同一神とされ、どちらも井戸、泉、池、河川、湖、海などで水の神、仏として祀られる。竹生島弁財天は竹生島に祀られる琵琶湖の守り神である。日本三大弁財天の一つで、延暦寺では横川の西国三十三ヶ所で竹生島（観音）を祀っている。

　延暦寺の三大弁財天には、無動寺谷弁天堂・西塔箕淵弁財天・横川箸塚弁財天がある。

　日本最大の湖である琵琶湖は400万年前に誕生したとされる、世界で3番目に古い「古代湖」である。周囲約235㎞、面積は約674㎡で滋賀県面積の約1/6を占める。

　琵琶湖の名前は楽器の琵琶の形に似ていることに由来する。また、琵琶湖は古くから「鳰のうみ」と呼ばれており県鳥のカイツブリ（鳰）が多く生息している。

弁財天

比叡山

琵琶湖から見た比叡山

3. 元三大師堂（四季講堂）（重文）～元三大師の住房跡

第18世天台座主として19年間在職
し、延暦寺中興の祖と仰がれる慈恵大
師良源の住房であった定心房の跡を
ついでいる堂。

春夏秋冬の四季に『法華経』など大
乗経典の論義が行われたので四季講
堂とも呼ばれている。

はじめは弥勒菩薩を本尊としたが、
いまは良源の画像を本尊として祀る大
師信仰の根本道場となっている。

創建	康保4年（967）
現建物	承応元年（1652）
本尊	元三大師

良源は比叡山東塔の大火後次々と再建を進め、一段落した元禄3年（972）横川
を独立させ、東塔、西塔、横川の三塔体制を確立した。

さらに良源は博学で弁舌に優れ、法華大会広学竪義（天台僧としての最終試
験）を始めるなど、教学の興隆にも努めた。

正月三日に亡くなったことから「元三大師」と親しみを込めて呼ばれている。

論湿寒貧

論湿寒貧とはかつての比
叡山の環境・修行の厳しさを
言い表す。

仏法を論じ、夏の高い湿度
と冬の厳寒に耐えつつ、しか
も清貧を受け入れて学問修
行をすること。

雪の比叡山

良源と角大師の由来

　永観2年（984）全国に疫病が流行した。人々を救おうと大きな鏡の前に自分の姿を映し、目を閉じて心を統一した良源の姿は、次第に変化し、骨ばかりの鬼（夜叉）の姿になった。

　見ていた弟子たちの中でただ一人、明普阿闍梨だけがこの姿を見事に写しとった。良源はその絵を見て、版木でお札に刷らせた。そしてそのお札を配布して各家の戸口に貼り付けるように命じ、病魔退散を示された。

　やがてこのお札のあるところに病魔は寄り付かず、厄難からから逃れることができた。以来千余年、このお札を「角大師」と呼び、良源の護符としている。

境内の石碑参考

降魔大師

元三大師坐像（重文）

角大師

豆大師

　豆大師護符には豆粒のように小さな元三大師が33体ある。大師は観音菩薩の化身ともいわれるので、33の姿に化身する観音に因んだもの。

長いまゆ毛が特徴

良源と豆(魔滅)大師

　江戸時代、信心深い百姓が比叡山の横川に参拝した。

　しかしその間に自宅のある河内国(大阪)では大雨があった。被害を心配した百姓は急ぎ帰ると村の畑は水浸しだったが、なぜか自分の畑だけは無事であった。

　不思議に思い近所の者に聞いたところ、嵐の中30人くらいの少年が現れ、手に手に桶や鍬を持ち畦を作ったり水を汲みだしたりして畑を水害から救ったというのだ。

　当時良源は観音様の化身と言われていたため、観音様33身と同じ33人の童子となって救ってくれたのだろうと人々は噂し、その時の姿をお札にしたのだという。

元三大師御誕生所　栄光山玉泉寺『マンガ元三大師良源』より

おみくじ発祥の地

　良源の死後600年以上の後、徳川家康の側近であり、良源を大変崇拝していた慈眼大師天海は夢告を受ける。

「戸隠神社の社殿に観音の百籤を隠しておいたので、これを取り出して占えば、その願いに応じて禍福を知らせよう」と。

　お告げ通り戸隠神社の社殿を探ると、百枚の御籤が出てきた。天海は喜び、そのくじに注釈をつけ、良源を祀る全ての場所に配ったとされる。

定心房

　比叡山では大根漬けのたくあんのことを定心房と呼ぶ。定心房とは良源の住まいのあった房の名(元三大師堂)のことである。「たくあん」は良源の発明で、ここ横川発祥といわれる。

⑧箸塚弁財天

比叡山三大弁天のひとつ。

元三大師が弁財天を祀った際、もとから
あった箸塚に千僧供養として千人の僧を
招き、食を供し法会を営なんだといわれる
（この際に使用した箸を埋めて弁財天を祀
ったとの説も）。

祭神　弁財天

元亀の法難後天正14年（1586）に再興され、その際にも千僧供養が営まれた。

⑨比叡山行院

天台宗修行道場である比叡山行院。

天台宗寺院の住職となるための基礎的
な修学と修行（四度加行）を行う道場で、
春夏秋の3回、各60日間又は30日間の修
行が行われている。

⑩甘露山王社

祭神　日吉山王

比叡山行院の前にある四季講堂の鎮守社。

この 社 は日吉大社の社外百八社のひとつ。

「当時坂本辺の土俗が言うには、山門の貧 窮
を山王が 憐 み給い毎朝食に甘露をかけ給う‥」
と伝えられる。

景山春樹著『比叡山寺』その構成と諸問題参考

「甘露」とは天から与えられる甘い露のこと。

⑪稲荷社

元三大師堂西側すぐ近くに鎮座している。

祭神　宇迦之御魂大神

⑫道元禅師得度の地

曹洞宗の開祖道元は、13歳で比叡山にのぼり、横川で修行し得度した。

四季講堂の手前の急な坂道を10分程下ると静寂の中に「承陽大師之塔」がある。

道元得度の地参道

⑬独鈷水
（とっこすい）

近くには古くからの湧水があり、「独鈷水」の石標が建てられている。

4. 求法寺走井元三大師堂　〜元三大師が比叡山入山修行を決意した地

本尊　元三大師尊像

走井橋と元三大師堂

比叡山東麓の日吉大社入り口、走井橋横に延暦寺の飛び地がある。

もとは第4世天台座主安恵和尚（801〜864）の里坊として創建された。

のちに第18世座主慈恵大師良源が12歳の頃比叡山への入山修行の決意を固めた浄域であることから「求法寺」と名づけられた。また古来より波止土濃（橋殿）又は走井の地名に因んで本堂を「走井堂」と称している。

本尊はご自作と伝える元三大師尊像（重文・秘仏）である。

元三大師の母　月子姫

　当時の比叡山は女人禁制であったので、良源の母、月子姫は山麓に住まいを設けた。

　良源は山の上に明かりを灯し、それを見た母も庵に明かりを掲げ互いの無事を確認しあった。僧の中にはそんな良源のことを「乳離れしていない」と言う者もあった。このことからこの母の庵のあった地域は乳野と呼ばれ、それが千野となった。ここには現在安養院妙見堂があり、母である月子姫を祀る。

滋賀県大津市千野の安養院妙見堂
月子姫が「妙見菩薩」として祀られている

5. 定光院　〜日蓮聖人が修業した地

　日蓮聖人が比叡山定光院を拠点として修業した場所で後の日蓮宗の誕生につながった。

　現在では延暦寺直属寺院であるが日蓮宗の比叡山研修道場となっている。

山王権現社　　定光院本堂

| 祭神 | 定光院本堂には日蓮聖人と |
| 大山咋神 | 三十番神が祀られている |

⑭山王権現社

　定光院本堂に隣接する。

　山王権現社の祭神は日吉大社に祀られる山の鎮守神大山咋神とされる。

⑮瀧尾権現社

　瀧尾権現社は阿弥陀仏を本地とする田心姫神を祀った神社で、寛文8年（1668）に定光院住持の覚深によって建立されたと伝えられる。

武　覚超著『比叡山諸堂史の研究』より

日蓮聖人の銅像

瀧尾権現社

| 創建　寛文8年（1668） | 祭神　田心姫神 |

田心姫神と神紋の橘

花咲てるみ著『日吉大社の神さま』より

　田心姫神は日吉大社「宇佐宮」の祭神で、大分県宇佐八幡宮の祭神と同一神である。最澄が中国に渡る際、航海の安全を祈願したと伝わる。

6. 元三大師御廟　～石塔の墓、遺言により立派な墓を造ることを禁じた

元三大師御廟

元三大師御廟拝殿

八角形の石塔

　第18代天台座主慈恵大師良源（元三大師）の廟所。八角形の石塔は大師の遺言によるもので、元三大師とその弟子3人の墓にのみ見られる珍しい墓石である。

　御廟は都の鬼門（北東）にあたる比叡山の鬼門（北東）に位置する。

　伝教大師御廟（ごびょう）と区別して、「みみょう」と呼ばれる。

鬼門

　鬼門とは北東の方角のこと。その名の通り鬼が出入りする門を意味する。

　十二支で表すと北東は丑寅の方角を示すことから、鬼は牛の角をもち、虎の毛皮を身にまとって描かれる。

7. 西国三十三ヶ所観音霊場

横川全域に、33の観音菩薩石仏が置かれている。

1番　青岸渡寺

18番　六角堂

19番　革堂

23番　勝尾寺

25番　播州清水寺

27番　円教寺

29番　松尾寺

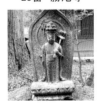
33番　華厳寺

西国三十三ヶ所観音石仏配置図

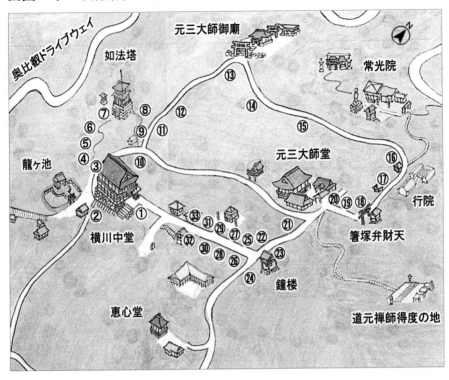

番	寺号・別称	本尊	県
1	青岸渡寺	如意輪観音	和歌山
2	紀三井寺	十一面観音	和歌山
3	粉河寺	千手千眼	和歌山
4	槇尾寺	千手千眼	和歌山
5	藤井寺	十一面千手	大阪府
6	壷阪寺	千手千眼	奈良県
7	岡寺	如意輪観音	奈良県
8	長谷寺	十一面観音	奈良県
9	南円堂	不空羂索	奈良県
10	三室戸寺	千手観音	京都府
11	上醍醐寺	准胝観音	京都府
12	岩間寺	千手観音	滋賀県
13	石山寺	如意輪観音	滋賀県
14	三井寺	如意輪観音	滋賀県
15	今熊野観音	十一面観音	京都府
16	清水寺	千手観音	京都府
17	六波羅蜜寺	十一面観音	京都府

番	寺号・別称	本尊	県
18	六角堂	如意輪観音	京都府
19	革堂	千手観音	京都府
20	善峰寺	千手千眼	京都府
21	穴太寺	聖観音	京都府
22	総持寺	千手観音	大阪府
23	勝尾寺	十一面千手	大阪府
24	中山寺	十一面観音	兵庫県
25	播州清水寺	十一面観音	兵庫県
26	一乗寺	聖観音	兵庫県
27	円教寺	如意輪観音	兵庫県
28	成相寺	聖観音	京都府
29	松尾寺	馬頭観音	京都府
30	竹生島	千手千眼	滋賀県
31	長命寺	十一面千手	滋賀県
32	観音正寺	千手千眼	滋賀県
33	華厳寺	十一面観音	岐阜県

本尊は全て観世音菩薩

8. 飯室不動堂 　～横川の別院で元三大師の愛弟子 尋禅が建立した堂

慈忍和尚尋禅（943～990）は良源（元三大師）の後の第19世天台座主である。

愛弟子尋禅のため良源は横川の別所である飯室谷に堂を建立。その後尋禅が不動堂を建立し、不動明王像を本尊として安置したと伝えられる。

飯室不動堂は根本中堂、横川中堂、無動寺明王堂と並ぶ延暦寺五大堂の一つ。

尋禅の母は醍醐天皇皇女雅子内親王。

飯室不動堂の南側に比叡山三大魔所のひとつ、尋禅の廟所がある。

飯室不動堂

本尊　不動明王

飯室谷全体図

慈忍廟

飯室不動堂

松禅院

庫裏

護摩堂　御供所

八角堂

至横川

中尾坂

飯室谷

⑯安楽律院

霊空墓

定家塚

P

P

案内板

至坂本・西教寺

至雄琴

⑯安楽律院
<small>あんらくりついん</small>

飯室不動堂北方の安楽谷に位置し、もとは安楽院と称した。

寛和元年（985）5人の僧により念仏道場として開かれ、恵心僧都源信を招請して念仏結縁の行法が修されたと伝えている。

本堂には恵心僧都作と伝える阿弥陀・観音・勢至の三尊を祀っていたが昭和24年（1949）に焼失した。

境内の南端には鎌倉初期の歌人で比叡山を愛した藤原定家の塚がある。

安楽律院

山門

定家塚

比叡山三大魔所

天梯権現社 ：中国天台山と比叡山とはつながっていて、天狗がその入口
<small>てんだい</small>　　　 のある天梯峰から出入りすると伝わる。

元三大師御廟 ：魔除け札の姿に変身した良源は亡くなってからも護符として
<small>がんざんだいしみみょう</small>　 人々の病魔や厄難を退散させる。

慈忍和尚廟 ：慈忍は滅後も僧たちを見守り戒めるため一眼一足の妖怪
<small>じにんかしょうびょう</small>　　 に変身し現れると伝わる。

これらの場所は比叡山でも特に清浄な地であるという意味を込めて魔所と呼ばれている。

天梯権現社

元三大師御廟

慈忍和尚廟

延暦寺の紋（菊輪宝）

花びらの数は16枚
（八重）

菊の御紋は皇室の紋だが、元は比叡山に自生する叡山菊とされ、最澄が桓武天皇に献上したことから始まると伝えられる。延暦寺では菊に仏教の法輪を重ねて寺紋としている。

エイザン菊（深山嫁菜）

皇室の紋は「十六葉八重表菊」、パスポートなどに使われるのは「十六葉一重表菊」。
天台宗の宗紋は三諦星と呼ばれ、菊は一重である。

天台宗　宗紋

エイザンスミレ（叡山菫）

第6章 時代をつなぐ山

神と仏は比叡山で出合った

比叡山空撮　延暦寺提供

1. 神仏習合と山王信仰

神道と仏教

　日本人は古来から自然のいたるところに神を感じ崇拝してきた。そんな素朴な自然崇拝から神道は始まった。

　神仏習合とは、日本に元来あった神さまの信仰である神道と、6世紀に大陸から伝来した仏教が融合して一つの信仰となったものである。

　日吉大社の創設はおよそ2100年前、崇神天皇7年（紀元前91）、大山咋神（東本宮）は神話時代に日枝山に降りられた地主神であり、比叡山全体の守り神である。

　比叡山東麓の坂本には1500年余り前、応神天皇の時代に中国より安らぎの地を求めて日本に帰化した三津首の一族が栄えていた。最澄の父三津首百枝もその子孫である。母は藤原家より嫁いだ妙徳（藤子）といい二人は平和に暮らしていた。

　八王子山には金大巌と、さらには山頂をやや下った先に現在神宮寺が建てられている場所があり、両親はそこに籠り子供の誕生を祈願した。そして男子を授かり、広野（幼名）と名づけた。のちの最澄である。

　最澄は延暦4年（785）20歳で南都の戒壇で『四分律』に基づく具足戒を授かり、正式な僧侶としての道を踏み出すが、その僅か3か月後に奈良仏教界の現実に疑問を感じ修行の地を比叡山に移す。

　最澄は仏のみならず多くの神々に深い信仰心を持っていた。これがその後の神仏習合の根幹になっている。

八王子山　神宮寺跡と奥惣社

山王三聖と比叡三聖

　当初の日吉大社には、まだ山王七社はなく、山王三聖と呼ばれる西本宮（大己貴神）、東本宮（大山咋神）、宇佐宮（田心姫神）が祀られる神社であった。

　また、山王三聖はその後比叡山の三聖（釈迦如来、薬師如来、阿弥陀如来）と一体であるという神仏習合の思想に発展した。

これらの神と仏は一つの本殿に祀られ、日吉大社本宮などの本殿では本殿内一段上の内陣に神を、下殿（床下）には仏を祀っていた。

日吉大社　西本宮本殿の下殿入口

天台宗の守護神

山王鳥居

最澄は唐の天台山に渡るが、その守護神「山王元弼真君」に因み日吉大神（東西本宮2柱と境内全ての神）を「山王権現」と呼び天台宗の守護神とした。

また、天台宗という名は天台山に因んでいる。山王鳥居は明神鳥居の上部に三角形の破風（屋根）が乗った形をしているが、これは仏教と神道の合一を表わしているとされる。山王信仰の象徴であるため山王鳥居と呼ばれている。

比叡山に上る際に僧たちはこの鳥居をくぐり、日吉の神々に一礼してから上った。また、回峰行者が通る道でもある。

神仏習合思想により天台宗と山王権現（日吉大社の神）は結びつきを強めてきたが、明治元年（1868）の神仏分離令により神と仏は別々に祀られることになる。そのため、日吉大社にあった仏像や経本など仏教に関するものは全て取り払われた。それぞれの社前にあった仏教の象徴である旧称が刻まれた石灯籠は44基、日吉参道の両側に並べられている。

比叡山

日吉参道の桜と石灯籠

山王客人（白山姫神社）

山王二十一社

神仏習合の時代には、日吉大社でも本地仏として仏を祀っていた。

日吉大社は全国3800社の日吉、日枝、山王の総本宮であり、境内には現在40社の 社（やしろ） がある。

鎌倉、室町時代には上七社に加えて中七社、下七社と合わせて山王二十一社が形成され、社内百八社、社外百八社の神々が祀られていた。

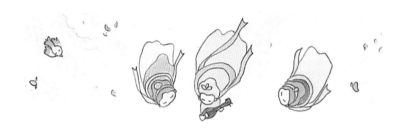

区分		現社名	現祭神名		旧称	本地仏
上 七 社	本宮	西本宮	大己貴神	山王三聖	大宮権現	釈迦如来
	本宮	東本宮	大山咋神		二宮権現	薬師如来
	摂社	宇佐宮	田心姫神		聖真子宮	阿弥陀如来
	摂社	牛尾神社	大山咋神荒魂		八王子宮	千手観音
	摂社	白山姫神社	菊理姫神		客人宮	十一面観音
	摂社	樹下神社	鴨玉依姫神		十禅師宮	地蔵菩薩
	摂社	三宮神社	鴨玉依姫神荒魂		三宮	普賢菩薩・大日如来
中 七 社	摂社	大物忌神社	大年神		大行事	毘沙門天
	末社	宇佐若宮	下照姫神		聖女	如意輪観音
	末社	牛御子社	山末之大主神荒魂		牽牛 牛御子	大威徳明王
	摂社	新物忌神社	天地迦流水姫神		新行事	持国天・吉祥天
	摂社	八柱社	五男三女神		下八王子	虚空蔵菩薩
	摂社	早尾神社	須佐之男尊		早尾	不動明王
	摂社	産屋神社	鴨別雷神		王子	文殊菩薩
下 七 社	末社	樹下若宮	鴨玉依彦神		小禅師	竜樹菩薩
	末社	大宮竈殿社	奥津彦神・奥津姫神		大宮竈殿	大日如来
	末社	二宮竈殿社	奥津彦神・奥津姫神		二宮竈殿	日光菩薩・月光菩薩
	摂社	氏神神社	加茂建角身命・琴御館宇志丸		山末	摩利支天
	末社	岩瀧社	市杵島姫命・湍津姫命		岩瀧	弁財天
	末社	劒宮社	瓊々杵尊		劒宮	不動明王
	末社	気比社	仲哀天皇		気比	聖観音菩薩

「日吉大社大年表」より （本地仏は景山春樹著『神体山』を参考にしたが諸説ある）

2. 神仏習合時代から続く祭事

　神仏習合時代であった明治以前には、比叡山延暦寺と日吉大社では神と仏が区別なく祀られていた。山王礼拝講と日吉山王祭での神事は神と仏の関りを今も残している。

日吉山王祭
<small>ひよしさんのうさい</small>

　日吉山王祭は湖国三大祭の一つに数えられる。毎年3月第1日曜日の「神輿上神事」から始まり、1か月半に渡り20余りの神事からなる。

　延暦10年（791）桓武天皇より日吉大社に2基の神輿を寄進されて以来1200年以上の歴史がある。

新緑の八王子山

　山王祭は目には見えない神さまの御霊に若返っていただき、お祀りされた当初の気持ちに戻っていただく。その瑞々しいお力でご加護をいただくための祭りとされる。

　4月13日の「宵宮落し神事」では大山咋神と鴨玉依姫が鴨別雷神を産むまでの流れをあらわすとされ、最も重要とされる、4月14日の「申の神事」では七基の神輿が揃った西本宮で、天台座主が五色の紙でつくられた御幣を奉納し、読経するという神と仏の関わりを残した神事が行われる。

例祭　天台座主参拝

神輿上神事　八王子山

神輿渡御　琵琶湖

3. 三塔の主な堂舎の神さま仏さま

　明治以前には、比叡山の仏閣堂舎にはたくさんの神が天台宗の守護神として祀られていた。元亀の法難以前には日吉社外百八社のうち16社があったとされる。

三塔の主な堂舎の仏さま

景山春樹著『比叡山寺』参考

三塔	堂舎名	本尊(仏さま)	備　考
東塔	根本中堂	薬師如来	最澄自作と伝えられる現世利益の薬師如来像 脇侍:日光菩薩・月光菩薩、十二神将、毘沙門天
	文殊楼	文殊菩薩	円仁が文殊の聖地中国五台山から勧請 智恵を司る菩薩
	大黒堂	三面大黒 (大黒天・弁財天・毘沙門天)	最澄自作と伝えられる三面大黒像 日本で最初の三面大黒 秀吉が信仰し三面出世大黒天とも呼ばれる
	万拝堂	千手千眼観世音菩薩	全国の神・仏を勧請 毎月1日から30日を守護する三十番神
	大講堂	大日如来	脇侍:弥勒菩薩・十一面観音菩薩
	戒壇院	釈迦如来	中心の釈迦牟尼仏と左右の文殊菩薩と弥勒菩薩は授戒三聖
	阿弥陀堂	阿弥陀如来	丈六(4.8m)の阿弥陀　先祖回向
	法華総持院東塔	胎蔵界大日如来五仏	大日如来を中心にした五如来(大日・宝幢・開敷華王・無量寿・天鼓雷音)
	山王院	千手観音菩薩	境内に山王権現を祀る
	法然堂	法然上人	
	浄土院	阿弥陀如来	最澄自作と伝えられる阿弥陀如来像
無動寺谷	明王堂	不動明王	相応自作と伝えられる不動明王像
	大乗院	ソバ喰い木像	親鸞聖人自作
西塔	常行堂	阿弥陀如来	にない堂　守護神として摩多羅神
	法華堂	普賢菩薩	にない堂
	恵亮堂	恵亮和尚	
	椿堂	千手観音菩薩	
	釈迦堂	釈迦如来	最澄自作と伝えられる秘仏釈迦如来 文殊菩薩・元三大師・玄奘三蔵
	本覚院	元三大師	
	瑠璃堂	薬師如来	
	黒谷青龍寺	阿弥陀如来	
横川	横川中堂	聖観音菩薩・毘沙門天・不動明王	975年良源が等身大の不動明王を造り開眼供養を行う。現在の三尊形式となる
	恵心堂	恵心僧都	
	元三大師堂	元三大師	旧本尊は弥勒菩薩
	定光院	日蓮聖人	
	飯室不動堂	不動明王	

三塔の主な堂舎の神さま

三塔		堂舎名	祭神（神さま）	備　　考
東塔		根本中堂 （中庭竹台）	日本国中3700余社の神々他	竹台（北.筱篠）　日本国中3700余社の神々 竹台（南.叢篠）　山王七社の神々を勧請
		星峯稲荷社 <small>ほしみね</small>	荼枳尼天 <small>だ き に てん</small>	白狐にまたがる天女。寺に祀られる稲荷
		登天天満宮 <small>とうてん</small>	菅原道真公	比叡山では、戒律を守る僧侶を助ける神
		万拝堂	日本国中の神々	日本全国の諸仏諸菩薩諸天善神 <small>しょぶつしょぼさつしょてんぜんしん</small>
		山王社 <small>さんのうしゃ</small>	大己貴神 <small>おおなむちのかみ</small>	大書院前　日吉大社「西本宮」（大宮権現）の祭神 日吉大社の社外百八社のひとつ
		天梯権現社 <small>てんだいごんげんしゃ</small>	（虚空蔵菩薩） <small>こくうぞうぼさつ</small>	日吉大社の社外百八社のひとつ
		聖女塚 <small>ひじりめ</small>	下照姫神 <small>したてるひめのかみ</small>	大己貴神（大国主神）と田心姫神の子神
	無動寺谷	白山社 <small>しらやましゃ</small>	菊理姫神 <small>くくりひめのかみ</small>	日吉大社白山姫神社（客人宮）の祭神　山王上七社　イザナギとイザナミの夫婦神の仲裁をした神とされる
		弁天堂	弁財天	白蛇として現れた弁財天 比叡山三大弁財天のひとつ
西塔		箕淵弁財天 <small>みのふち</small>	弁財天	比叡山三大弁財天のひとつ
		釈迦堂	八所明神 山王七社他	内陣には梵天・帝釈天・持国天・増長天・般若十六善神が祀られている
		六所社	六所大明神	伊勢 八幡 賀茂 鹿島 熱田 山王の六所大明神 日吉大社の社外百八社のひとつ
		雲井弁財天	弁財天	本覚院境内
		小比叡明神 <small>お び え みょうじん</small>	大山咋神 <small>おおやまくいのかみ</small>	横高山（波母山）　大山咋神が降臨したとされる 日吉大社牛尾宮（八王子山）の元宮
横川		三十番神社	三十番神 <small>さんじゅうばんじん</small>	1日〜30日までの三十番神　神々が仏の守護神となる（本地垂迹） <small>ほんじすいじゃく</small>
		龍ヶ池弁財天 <small>たつ</small>	弁財天	龍ヶ池八大龍王（扁額） <small>へんがく</small>
		赤山宮	赤山明神	天台の守護神
		箸塚弁財天 <small>はしづか</small>	弁財天	比叡山三大弁財天のひとつ
		甘露山王社 <small>かんろ</small>	日吉山王	日吉大社の社外百八社のひとつ
		稲荷社	宇迦之御魂大神 <small>う か の みたまのおおかみ</small>	元三大師堂西
		山王権現社	大山咋神 <small>おおやまくいのかみ</small>	定光院境内　日吉大社「東本宮」（二宮権現）の祭神
		瀧尾権現社 <small>たき お</small>	田心姫神 <small>た ごりひめのかみ</small>	定光院境内　日吉大社山王上七社「宇佐宮」の祭神 最澄が中国に渡る際に航海安全を祈願した

山王礼拝講
<small>さんのうらいはいこう</small>

　1025年日吉大社境内の八王子山の樹木が一斉に枯れた。神主が神に真意を尋ねたところ、「寺の僧侶は修行を怠り僧兵としての活動ばかりする」と嘆（なげ）かれた。

　神慮を恐れた僧たちは法要を行い、その後樹木が復活したといわれる。

　このことが起源となり、今日では神前で法華八講の法要が営まれている。法要は毎年5月26日、延暦寺僧侶と日吉大社神職一同が参列して行われ、明治以前の神仏習合時代の様子を今に伝える貴重な祭礼である。

日吉大社　西本宮拝殿

神社仏閣どちらにも祀られる神仏

　比叡山には日本古来の神々のみならず、インドの神、また中国の神などが多く存在する。

　ふくよかで笑顔の大黒天は、もとはインドの神マハカーラ（マハは大きな、カーラは黒の意）が仏教に取り込まれ、神道と混ざり、今の大黒天となった。

　国造りを行った大国主命（おおくにぬしのみこと）の「大国」と大黒天の「大黒（ダイコク）」が重なることから同一視されるようになった。大黒天には15以上の呼び名があり、大己貴神（おおなむちのかみ）（日吉大社西本宮祭神）も同一神とされる。

　このように同一神でありながら大国主命は神、大黒天は仏として認知されている。さらにはこれと同様に市杵島姫命（いちきしまひめのみこと）と弁財天も。また、八幡大神と八幡大菩薩も神と仏として認知され、神社仏閣どちらにも祀られる。

大黒天

因幡の白兎（いなば　しろうさぎ）と大国主

インドの神マハカーラ

4. 仏像・神像

釈迦
しゃか

仏教の開祖である釈迦（紀元前4世紀〜6世紀4月8日生まれ）は、名前をゴータマ・シッダールタといい北東インドのシャカ族の皇子として生まれた。

仏教とは釈迦が説き始めた教えで現世の迷いを転じて悟りを開くことが目的とされる。

如来とは悟りを開き、真理を悟った者のこと。
長方形の布のみを身につけて、髪はカールし（螺髪）、
らほつ
手の形で気持ちを表す。

にょらい
如来

○**釈迦如来**　仏教の開祖。その姿は仏像の基本となった。

○**阿弥陀如来**　西の極楽浄土にいる仏。その名を唱える全ての人を極楽へと導いてくれる。

○**薬師如来**　東の瑠璃光世界にいる仏。左手に薬壺
るりこう
を持ちて人々の病や苦しみを癒してくれる。

○**大日如来**　密教世界の最高位の仏で毘盧遮那仏
びるしゃなぶつ
とも大日如来ともいわれる。宇宙の根本真理そのものとされる。

ぼさつ
菩薩

菩薩とは悟りを得て如来になるために人々と共に修行する仏のこと。

悟りを開く前の釈迦の姿をもとにしているので首や腕に装身具をつけている。頭上に小仏像をつけている。

第6章　時代をつなぐ山

115

○**地蔵菩薩**　釈迦が入滅してから弥勒菩薩が現れるまで人々を救済することを釈迦から委ねられたとされる。「大地を母胎とするもの」の意。

○**弥勒菩薩**　釈迦が亡くなって五十六億七千万年後に人々を救いにやってくるとされる。釈迦の弟子で実在の人物といわれる。

○**聖観音菩薩**　「観世音菩薩」とも呼ばれる観音菩薩の基本で色々な姿に変化する。頭上に小仏像をつけている。

○**十一面観音**　頭部に十一の顔を持ち、あらゆる方位を見渡し人々を救う。

○**千手観音**　それぞれの掌に一眼をもち、千本の手でどのような人をも漏らさず救済しようとする。

○**虚空蔵菩薩**　大きな智慧と功徳をもち、天空全般をつかさどる仏といわれる。

明王

　明王は修行する者を煩悩から守る仏で、悪をこらしめ、仏の教えに導く役目をもつため、武器を持ち、怒り顔である。

　「明」とは仏の説いた呪文のことで、この呪文を守る力のある密教特有の立場にあることを示す。

○**不動明王**　明王の中で最高の仏で大日如来の化身ともいわれる。五大明王の中心である。

○**愛染明王**　一面三目。身体が赤色なのは明王の大愛と大慈悲とがあふれていることを意味する。頭に獅子をつけている。

天部

　天部は、もとはインド古来の神が仏教に取り入れられて仏や教えを守護する役割を持つ。天上界に住むとされるので「天部」と称される。

○**梵天**　古代インドで宇宙の根源とされたブラフマンを神格化し、仏教に取り入れた。「天部」の最高神。

○**弁財天**　琵琶や宝珠などを持つ音楽・福徳の神。
七福神の一尊。

○**大黒天**　大袋を持つ財宝神で七福神の一尊。

○**毘沙門天**　北を守護する財宝神で宝塔を持つ。別名を多聞天といい、四天王で
最強の武神。七福神の一尊。

しんぞう
神像

神像とは、古来より日本では神々の姿を像として
表さなかったが、仏教の影響を受け、具体的な姿が
表現されるようになる。古くは鏡、玉、剣が神の依り
代であった。

○**男神・女神**　日本古来の神。男神は貴族の正装
である衣冠束帯で表され、女神は中国風又は十二
単などを着ている。

○**護法善神**　仏教および仏教徒を守護する。

○**山王権現**　比叡山東麓に鎮座する日吉社の神の
こと。比叡山の守護神。

○**獅子・狛犬**　神社の本殿や入り口で神社を守護す
る想像上の獣。角があるほうが狛犬。

こうそう　らかん
高僧・羅漢

高僧とは徳や位の高い僧侶のことで、**羅漢**とは、
一切の煩悩を絶って修行の最高位に達した聖者のこ
と。観音の化身や神と同様にみなされ信仰を集める。

○**十六羅漢**　釈迦の涅槃の時、仏の教えを後世に
伝える役割を与えられた16人の弟子たち。

○**祖師の像**　一つの宗派を開創した僧の肖像。
時には宗派の護り神や拠り所にもなる。

仏像のイラストは大津市歴史博物館資料参考

天と地の始まり

　世界の天と地が初めて別れたとき、天上界である高天原と呼ばれる神々の世界にアメノミナカヌシ、タカミムスビ、カミムスビという三柱の神（造化三神）が現れた。

　アメノミナカヌシとは宇宙の根源をなす神とされている。その後イザナギ、イザナミまで「神代七代」と呼ばれる万物の生命活動の基礎となる神々が生まれる。

　これらの神が現れたことで世界は3つに分かれていく。神々の国「高天原」のちに人間が住む国「葦原中国」そして死者がいく国「黄泉の国」である。

　こうして世界が具体的な姿をとって形つくられる土台が整えられるのである。

　最初に現れたアメノミナカヌシ。日本を生んだイザナギとイザナミ。イザナギから生まれた「三貴子（アマテラス、ツクヨミ、スサノオ）」と呼ばれる神々。

　偉大なる宇宙の流れの中でこれらがつつがなく進むよう尽力した「天つ神」と「国つ神」。

　「天つ神」とは神の世界である高天原に降り立った天の神のことであり、「国つ神」とは始めから人間の国、葦原中国にいた日本の神のことである。

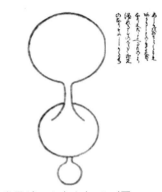

世界が3つにわかれていく図
上から順に「高天原」「葦原中国」
「黄泉の国」
（「神代正語常磐草」より）

天と地の間に浮かぶ天浮橋に立ち海水をかき回すイザナギとイザナミ。日本最初の国土オノゴロ島が生まれる（淡路島）。　小林永濯画参照

　神の時代が終わり人の世が始まったのは神武天皇からといわれている。

　古事記には神々は「死ぬ」ことがなく、この世とあの世を往復しながら存在し続けるとある。神々が私たちの心のよりどころである限り、神々は死ぬことなくそこに存在し続ける。

　八百万の神々にはそれぞれの役割がある。どの神も等しく尊い存在なのだ。

神々の系譜 _{けいふ}

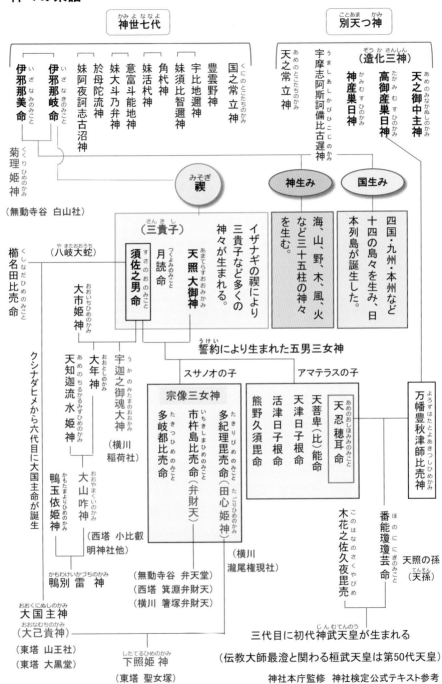

神世七代 _{かみよななよ}

別天つ神 _{ことあまかみ}

（造化三神）_{ぞうかさんしん}

天之御中主神 _{あめのみなかぬしのかみ}

高御産巣日神 _{たかみむすひのかみ}

神産巣日神 _{かみむすひのかみ}

宇摩志阿斯訶備比古遅神 _{うましあしかびひこじのかみ}

天之常立神 _{あめのとこたちのかみ}

国之常立神 _{くにのとこたちのかみ}

豊雲野神 _{とよくもののかみ}

宇比地邇神 _{うひぢにのかみ}

妹須比智邇神 _{いもすひぢにのかみ}

角杙神 _{つのぐいのかみ}

妹活杙神 _{いもいくぐいのかみ}

意富斗能地神 _{おおとのぢのかみ}

妹大斗乃弁神 _{いもおおとのべのかみ}

於母陀流神 _{おもだるのかみ}

妹阿夜訶志古泥神 _{いもあやかしこねのかみ}

伊邪那岐命 _{いざなきのみこと}

伊邪那美命 _{いざなみのみこと}

菊理姫神 _{くくりひめのかみ}

（無動寺谷　白山社）

櫛名田比売命 _{くしなだひめのみこと}

（八岐大蛇）_{やまたおろち}

禊 _{みそぎ}

神生み

国生み

（三貴子）_{さんきし}

須佐之男命 _{すさのおのみこと}

月読命 _{つくよみのみこと}

天照大御神 _{あまてらすおおみかみ}

イザナギの禊により三貴子など多くの神々が生まれる。

海、山、野、木、風、火など三十五柱の神々を生む。

四国・九州・本州など十四の島々が誕生し、日本列島が誕生した。

大市姫神 _{おおいちひめのかみ}

大年神 _{おおとしのかみ}

宇迦之御魂大神 _{うかのみたまのおおかみ}

（横川　稲荷社）

天知迦流水姫神 _{あめのちかるみずひめのかみ}

誓約により生まれた五男三女神 _{うけい}

スサノオの子

アマテラスの子

宗像三女神 _{むなかたさんじょしん}

多岐都比売命 _{たきつひめのみこと}

市杵島比売命（弁財天）_{いちきしまひめのみこと}

多紀理毘売命（田心姫神）_{たぎりびめのみこと}_{たごりひめのかみ}

天忍穂耳命 _{あめのおしほみみのみこと}

天菩卑（比）能命 _{あめのほひのみこと}

天津日子根命 _{あまつひこねのみこと}

活津日子根命 _{いくつひこねのみこと}

熊野久須毘命 _{くまのくすびのみこと}

万幡豊秋津師比売神 _{よろずはたとよあきつしひめのかみ}

クシナダヒメから六代目に大国主命が誕生

大山咋神 _{おおやまくいのかみ}

鴨玉依姫神 _{かもたまよりひめのかみ}

（西塔　小比叡明神社他）

鴨別雷神 _{かもわけいかづちのかみ}

（無動寺谷　弁天堂）

（西塔　箕淵弁財天）

（横川　箸塚弁財天）

（横川　瀧尾権現社）

木花之佐久夜毘売 _{このはなのさくやびめ}

番能瓊瓊芸命 _{ほのににぎのみこと}

天照の孫（天孫）_{てんそん}

大国主神 _{おおくにぬしのかみ}

（大己貴神）_{おおなむちのかみ}

（東塔　山王社）

（東塔　大黒堂）

下照姫神 _{したてるひめのかみ}

（東塔　聖女塚）

三代目に初代神武天皇が生まれる _{じんむてんのう}

（伝教大師最澄と関わる桓武天皇は第50代天皇）

神社本庁監修　神社検定公式テキスト参考

第6章　時代をつなぐ山

5. 最澄入山

　20歳の青年僧最澄が初めて比叡山に入った場所は、根本中堂の北に位置する東塔北谷虚空蔵尾である（現在この地に「本願堂旧跡」の石碑が建っている）。

　最澄は東塔北谷仏母谷の霊木をもって一刀三礼しつつ薬師瑠璃光如来を刻み、延暦7年（788）に開創して、一乗止観院（根本中堂）に奉安し、本尊とするとともに宝前に灯明（不滅の法灯）をかかげた（最澄23歳）。

伝教大師初入山の地（本願堂旧跡）石碑

クリンソウ

フタリシズカ（二人静）

ヤマオダマキ

最澄・円仁・円珍の入唐求法の旅

　最澄は桓武天皇の天台仏教への期待を得て遣唐還学生（1年の短期留学生）として、延暦23年（804）7月6日に弟子の義真を通訳として伴い、遣唐使船に乗り九州（現在の五島列島、田浦）を出航した。

　4隻の遣唐使船ははぐれてしまうが、弘法大師空海の乗った第1船は34日間漂流の末、福州の赤岸鎮に漂着。最澄が乗った第2船も嵐に遇ったが8月末頃明州に辿りついた。第3船は遭難後帰国、第4船は行方知れずになった。

　遣唐使一行と別れ目的地の天台山に向かった最澄は天台山や台州（臨海市）で天台法門や大乗仏教の戒律を受け、越州（紹興市）にて密教を学び、翌年（805）6月に帰国した。最澄は9か月余りの入唐求法により、智顗が大成した『法華経』の教理と実践を中核とする天台法門などを授かり、円（法華）・密（真言）一致を立場とする日本天台宗の基礎を固めた。

　第3世天台座主円仁の入唐は承和5年（838）6月から9年3か月、第5世天台座主円珍の入唐は仁寿3年（853）8月から4年10か月であった。

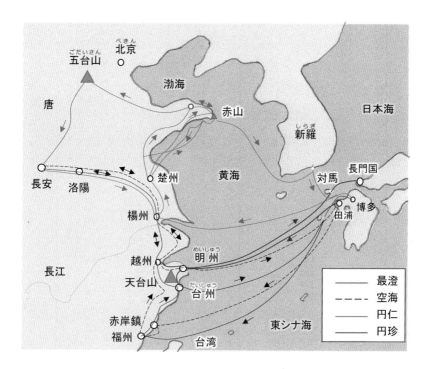

最澄の主要堂舎九院

　最澄は比叡山の山王、すなわち大比叡明神（大己貴神、大宮）、小比叡明神（大山咋神、二宮）を深く信仰し比叡山を開くにあたり最も大事な守護神としたが、比叡山の山王だけを守護神としていたのではない。そのことは最澄が記した主要堂舎九院『九院事』に記載されている。

　比叡山の寺院群で一番根本となる一乗止観院（根本中堂）をはじめとして、最澄が比叡山の神（山王）と出合ったとされる場所に建てられた定心院、真言密教の根本道場である総持院、インドの四天王の神（東西南北の守り神）を祀る四王院、修行する者の心構えや心身の戒めを授かる戒壇院、インドの天竜八部衆を祀る八部院、比叡山の地主神山王を祀る山王院、西塔に建てられた西塔院、法華の浄土を象徴する浄土院を合わせて全部で「九院」という。

　この中のほぼ半分の四つの寺（定心院、四王院、八部院、山王院）が、神を祀るためのものである。インドの神も日本の神も崇めるべきとして、仏法守護の神とするという最澄の基本的な考え方が現れている。

武 覚超著『比叡山諸堂史の研究』参考

最澄の堂塔伽藍構想

　最澄は弘仁9年（818）に「六所造宝塔願文」を著し、国家鎮護のため『法華経』千部を各宝塔に安置することを企画した（法華総持院東塔の項参照）。

　また同年最澄と義真の連署により『九院事』ならびに『比叡山寺僧院之記』を著して「九院」「十六院」の比叡山堂塔伽藍構想を発表した。

　「九院」のうち一乗止観院・総持院・戒壇院・西塔院（山城宝塔院）・浄土院の五か寺は「十六院」にもその名が掲げられており、最澄の伽藍構想の基礎をなす堂宇とみられる。

「九院」と「十六院」

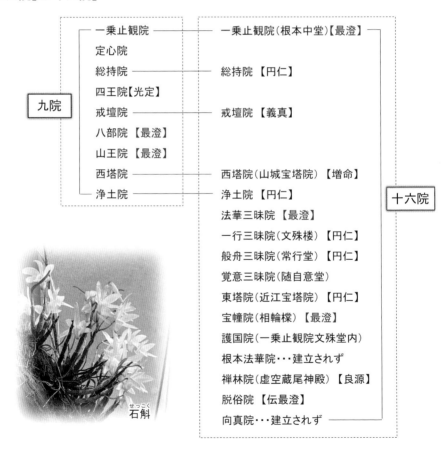

九院
- 一乗止観院
- 定心院
- 総持院
- 四王院【光定】
- 戒壇院
- 八部院【最澄】
- 山王院【最澄】
- 西塔院
- 浄土院

十六院
- 一乗止観院（根本中堂）【最澄】
- 総持院　【円仁】
- 戒壇院　【義真】
- 西塔院（山城宝塔院）【増命】
- 浄土院　【円仁】
- 法華三昧院　【最澄】
- 一行三昧院（文殊楼）【円仁】
- 般舟三昧院（常行堂）【円仁】
- 覚意三昧院（随自意堂）
- 東塔院（近江宝塔院）【円仁】
- 宝幢院（相輪橖）【最澄】
- 護国院（一乗止観院文殊堂内）
- 根本法華院・・・建立されず
- 禅林院（虚空蔵尾神殿）【良源】
- 脱俗院【伝最澄】
- 向真院・・・建立されず

石斛

武　覚超著『比叡山諸堂史の研究』参考

現在の比叡山諸堂の構成

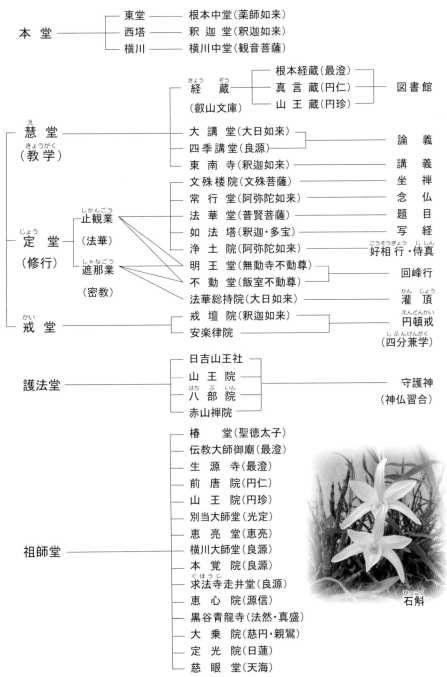

本　堂 ── 東塔 ──── 根本中堂（薬師如来）
　　　　├ 西塔 ──── 釈迦堂（釈迦如来）
　　　　└ 横川 ──── 横川中堂（観音菩薩）

慧　堂 ──┬ 経蔵 ──┬ 根本経蔵（最澄）
（教学）　│（叡山文庫）├ 真言蔵（円仁）── 図書館
　　　　　│　　　　 └ 山王蔵（円珍）
　　　　　├ 大講堂（大日如来）──┬ 論義
　　　　　├ 四季講堂（良源）───┘
　　　　　└ 東南寺（釈迦如来）──── 講義

定　堂 ──┬ 止観業 ── 文殊楼院（文殊菩薩）── 坐禅
（修行）　│（法華）　 常行堂（阿弥陀如来）── 念仏
　　　　　│　　　　　 法華堂（普賢菩薩）── 題目
　　　　　└ 遮那業 ── 如法塔（釈迦・多宝）── 写経
　　　　　　（密教）　浄土院（阿弥陀如来）── 好相行・侍真
　　　　　　　　　　　明王堂（無動寺不動尊）┐
　　　　　　　　　　　不動堂（飯室不動尊）──┴ 回峰行
　　　　　　　　　　　法華総持院（大日如来）── 灌頂

戒　堂 ──┬ 戒壇院（釈迦如来）──┬ 円頓戒
　　　　　└ 安楽律院 ──────┘（四分兼学）

護法堂 ──┬ 日吉山王社
　　　　　├ 山王院
　　　　　├ 八部院 ──── 守護神
　　　　　└ 赤山禅院　　（神仏習合）

祖師堂 ──┬ 椿　堂（聖徳太子）
　　　　　├ 伝教大師御廟（最澄）
　　　　　├ 生源寺（最澄）
　　　　　├ 前唐院（円仁）
　　　　　├ 山王院（円珍）
　　　　　├ 別当大師堂（光定）
　　　　　├ 恵亮堂（恵亮）
　　　　　├ 横川大師堂（良源）
　　　　　├ 本覚院（良源）
　　　　　├ 求法寺走井堂（良源）
　　　　　├ 恵心院（源信）
　　　　　├ 黒谷青龍寺（法然・真盛）
　　　　　├ 大乗院（慈円・親鸞）
　　　　　├ 定光院（日蓮）
　　　　　└ 慈眼堂（天海）

石斛

令和4年4月17日の当ボランティアガイドの会研修講演会での武　覚超講師のレジメより抜粋

第6章　時代をつなぐ山

123

6. 延暦寺の門前町坂本

比叡山東麓にある坂本の町は、東国や北陸と京都を結ぶ琵琶湖水運・陸路の要所であり、食料や物資などが運ばれ中世には延暦寺の発展に伴い繁栄した。

坂本の町にはいたる所に山水を引いた水路があり、水音が絶えない。また、山寺の僧などが人里にある僧房で生活する里坊と呼ばれる住まいがある。これは老僧が座主から賜って住んだのが始まりで、近世では80を超える里坊が存在したが、現在は約50か寺ある。

これらの里坊の石垣や水路などにより坂本一帯では美しい景観がつくり出され、平成9年に国の重要伝統的建造物群保存地区（略称：重伝建）に指定された。

日吉大社参道脇道の水路と石積み

延暦寺と穴太衆積み

延暦寺の境内には石垣が多く見られる。これは、山の斜面を平地に造成し、寺院などを建設する際に用いたもので、「穴太衆積み」と呼ばれる。

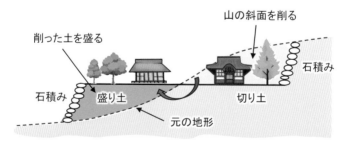

東塔 大書院の石積み

横川中堂の石積み

坂本の町から2kmほど南にある穴太（あのう）一帯には6〜7世紀前半のものといわれる、横穴式古墳群が遺（のこ）されている。

穴太の技術集団は延暦寺開墾（かいこん）などを通じ石工（いしく）集団を形成していったと考えられている。

織田信長は安土城の城壁普請（ふしん）に穴太衆を動員し、その実績によって江戸城、名古屋城、大阪城、金沢城、熊本城などの諸国の築城により全国に広まった。

坂本にある延暦寺ゆかりの建物

生源寺（しょうげんじ）

伝教大師最澄ご誕生の地。

慈覚大師円仁作と伝える十一面観世音菩薩が本尊。左右に父百枝公（ももえ）、母妙徳夫人（みょうとく）の御影（みえい）が祀られている。

生源寺本堂

滋賀院門跡（もんぜき）

元和元年（1615）慈眼大師天海が後陽成上皇（じょうこう）より京都御所の高閣を賜わり移築（じげんだいし）（ごようぜい）されたもの。

延暦寺の本坊で、江戸時代までは天台座主であった法親王の居所（きょしょ）であった。現在の建物は明治13年に再興された。

薬師如来を本尊とし、左右に天台大師、伝教大師を祀る。

滋賀院門跡の石垣

日吉東照宮

比叡山の再興に尽くした慈眼大師天海が1623年に創建。現社殿は日光東照宮の雛形（ひながた）として1634年に改築したもの。日吉東照宮は明治9年神仏分離のため延暦寺から日吉大社の末社（まっしゃ）となる。

祭神は徳川家康公、日吉大神など。

日吉東照宮拝殿

坂本の町案内図

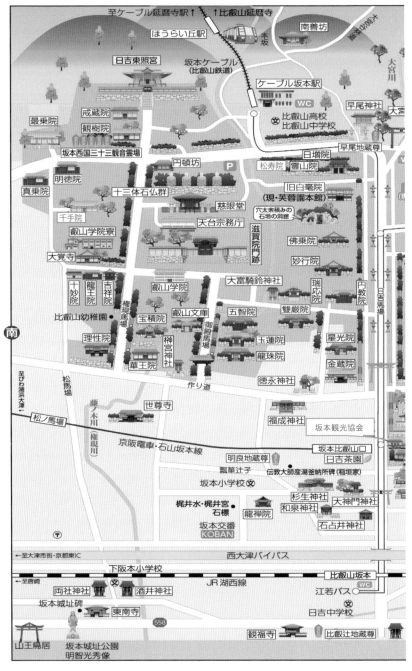

拝観等可能施設　　重要伝統的建造物群保存地区（文化庁選定）

「坂本観光マップ」参考　坂本観光協会提供

「止」と「観」と「悟り」

　最澄は命懸けで中国に渡り日本に伝えたのは、『法華経』を中心とする「天台法華」の教えと『大日経』を拠り所とする「真言密教」の教えであった。このうち「天台法華」の実践を止観という。

　心の浮き沈みや感情を静め、心を静寂にすることを「止」といい、何事にも動じない安定した精神状態をさす。

　「観」とは、正しくものごとや、真理を見つめること、すなわち我々の人生や世界を正しく見つめること。

　「止」と「観」この二つができれば「悟り」につながるということが、天台の根本の教えである。

悟りとは感謝

感謝の心が生まれたら
ひとつ悟ったこと

その積み重ねが
大きな悟りとなる

比叡山延暦寺 御朱印

第6章 時代をつなぐ山

延暦寺へのアクセス

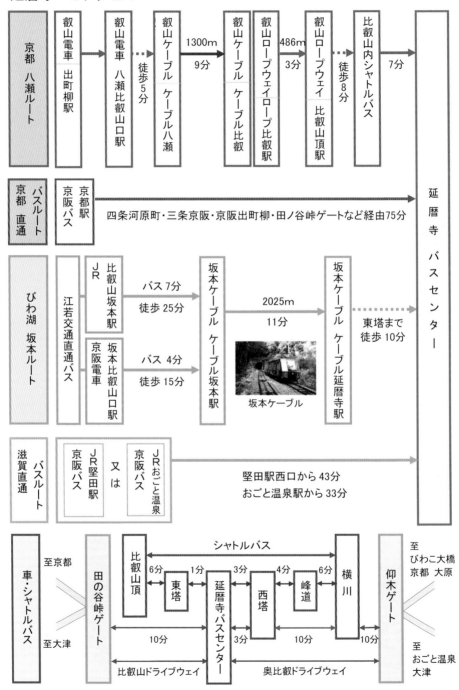

京都 八瀬ルート									
叡山電車 出町柳駅	→	叡山電車 八瀬比叡山口駅	···徒歩5分	叡山ケーブル ケーブル八瀬	1300m 9分	叡山ケーブル ケーブル比叡	叡山ロープウェイロープ比叡駅	486m 3分	叡山ロープウェイ 比叡山頂駅	···徒歩8分	比叡山内シャトルバス	7分

京都 直通 バスルート
京都駅 京阪バス → 四条河原町・三条京阪・京阪出町柳・田ノ谷峠ゲートなど経由75分

びわ湖 坂本ルート
江若交通直通バス
- JR 比叡山坂本駅 — バス7分 / 徒歩25分
- 京阪電車 坂本比叡山口駅 — バス4分 / 徒歩15分
→ 坂本ケーブル ケーブル坂本駅 — 2025m 11分 → 坂本ケーブル ケーブル延暦寺駅 ···東塔まで徒歩10分

坂本ケーブル

滋賀直通 バスルート
JR堅田駅 京阪バス 又は 京阪おごと温泉 京阪バス → 堅田駅西口から43分 おごと温泉駅から33分

延暦寺 バスセンター

車・シャトルバス
至京都 / 至大津 — 田の谷ゲート

シャトルバス

比叡山頂 —6分— 東塔 —1分— 延暦寺バスセンター —3分— 西塔 —4分— 峰道 —6分— 横川

延暦寺バスセンター —3分— 西塔 —10分— 横川 —10分— 仰木ゲート

田の谷ゲート —10分— 延暦寺バスセンター
比叡山ドライブウェイ / 奥比叡ドライブウェイ

仰木ゲート
至びわこ大橋 京都 大原 / 至おごと温泉 大津

比叡山回遊案内

　比叡山は京都府と滋賀県にまたがる山地で、東西に16km、最高峰は大比叡（848m）、山全体が延暦寺の境内という壮大な霊山である。三塔十六谷と呼ばれる境内の面積は1700ha（100万坪）で滋賀県側が80%を占める。

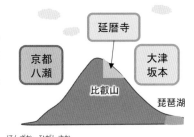

　延暦寺への 表 参道は、門前町坂本から登る本坂（ 東 坂 ）であり、根本中堂までは約3kmある。

　また京都側からの主要参道は左京区修学院からの雲母坂で根本中堂までは5.7kmある。開山以来修行者や参拝者が往来し、生活物資を運搬した道である。

　しかし大正14年（1925）の京都側ケーブルカーおよび昭和2年（1927）坂本側のケーブルカー開設、さらに昭和33年比叡山ドライブウェイ、昭和41年奥比叡ドライブウェイの開通により、現在は回峰行者やハイカーのみの参拝道となっている。

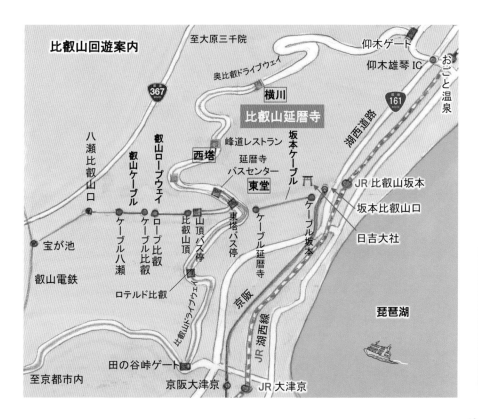

山王垂迹曼荼羅

白山姫神社
しらやまひめ
（菊理姫 神）
くくり ひめのかみ

牛尾神社
（大山咋神荒魂）
おおやまくいのかみあらみたま

西本宮
（大己貴神）
おおなむちのかみ

宇佐宮
（田心姫 神）
た ごりひめのかみ

東本宮
（大山咋神）
おおやまくいのかみ

三宮神社
（鴨玉依姫神荒 魂）
かもたまよりひめのかみあらみたま

樹下神社
（鴨玉依姫 神）
かもたまよりひめのかみ

大物忌神社
おおものいみ
（大年 神）
おおとしのかみ

早尾神社
（須佐之男 尊）
す さ の おのみこと

明治以前の旧祭神に基づいて描かれている。　日吉大社提供（江戸時代の作）

あ と が き

　琵琶湖の東側から朝日が昇ると、光は比叡山の木々や枝を照らしながら光り輝く。その神々しい輝きを日枝（ひえ）と呼び、日吉大社の旧称、日吉神社（ひえ）の名の由来となった。そして日枝山は比叡山と呼ばれるようになった。

　この神山は、比叡山を開いた最澄を始め数多くの祖師碩徳（せきとく）を輩出して仏教の母山と呼ばれ、「一隅を照らす（いちぐう）」「忘己利他（もうこりた）」の心は時代を越えて広がり続ける。

　比叡山延暦寺の三塔の諸堂には、大日如来（だいにちにょらい）や釈迦（しゃか）・阿弥陀（あみだ）・薬師（やくし）などの諸仏、文殊（もんじゅ）・普賢（ふげん）・観音（かんのん）・弥勒（みろく）・地蔵などの諸菩薩、さらに不動・降三世（ごうざんぜ）・軍荼利（ぐんだり）・大威徳（だいいとく）などの諸明王が本尊や脇侍（わきじ）として祀られている。

　神々としては、古代インド由来の大黒天・弁財天・梵天（ぼんてん）・帝釈天（たいしゃくてん）・四天王（毘沙（びしゃ）門天（もんてん）・持国天（じこくてん）・増長天（ぞうちょうてん）・広目天（こうもくてん））などや、中国由来の赤山明神（せきざんみょうじん）も見られる。さらには、比叡山開創当初から仏法の守護神として祀られた日吉山王の神々や日本国中の神々も勧請（かんじょう）され祀られている。

　このように比叡山では数多くの神仏に出合うことができ、神さま仏さまとの得難（えがた）い縁を結ぶことができる。

　比叡山の森羅万象（しんらばんしょう）、全ての神仏は時を越えて、わたしたちと共に生き続ける。

　　　　　　　　　　　　　　　　　　一隅を照らす

　　　　　　　　　　　　　　　　　思いやりと
　　　　　　　　　　　　　　　　　まごころで

　　　　　　　　　　　　　　　　　どこにいても
　　　　　　　　　　　　　　　　　今できることをする

主な参考文献

武　覚超　『比叡山三塔諸堂巡拝記』　叡山学院　1987

武　覚超　『比叡山三塔諸堂沿革史』　叡山学院　1993

武　覚超　『比叡山諸堂史の研究』　法蔵館　2008

比叡山延暦寺　『比叡山』　比叡山延暦寺　2013

比叡山延暦寺　『比叡山けんちく探訪！』　比叡山延暦寺　2014

比叡山延暦寺　『比叡山根本中堂』　比叡山延暦寺　2018

比叡山延暦寺　『比叡山の如来』　比叡山延暦寺　2019

比叡山国宝殿　『比叡の霊宝』　比叡山延暦寺　2022

比叡山延暦寺監修『別冊宝島　図解比叡山のすべて』　宝島社　2014

久保智康・宇代貴文　『もっと知りたい延暦寺の歴史』　東京美術　2021

日吉大社　『日吉大社大年表』　日吉大社大年表編纂委員会　2018

景山春樹　『神体山』　学生社　1971

景山春樹　『比叡山』　角川書店　1975

景山春樹　『比叡山寺』　同朋舎　1978

河原書店　『京都・世界遺産手帳　延暦寺』　河原書店　2009

谷崎潤一郎　『乳野物語・元三大師の母』　サンリード　2020

花咲てるみ　『日吉大社の神さま』　比叡山坂本観光ボランティアガイドの
　　　会・石積み　2020

延暦寺公式HP　ほか

略　歴

◆監修

武　覚超 （たけ・かくちょう）

1948年　滋賀県に生まれる

1970年　大正大学仏教学部（天台学専攻）卒業

1975年　大谷大学大学院文学研究科博士課程単位取得満期退学

2002年～2008年　比叡山幼稚園園長

2007年　大正大学より博士（仏教学）学位取得

2008年～2014年　延暦寺執行・延暦寺学園理事長

現在　延暦寺一山 求法寺住職、龍谷山水間寺貫主、天台宗勧学、叡山学院名誉教授、延暦寺学問所所長、日中韓国際仏教交流協議会理事長

著書に、『聖地五台山』（同朋舎　1986年）、『中国天台史』（叡山学院　1987年）、『天台教学の研究』（法蔵館　1988年）、『比叡山三塔諸堂沿革史』（叡山学院　1993年）、『比叡山仏教の研究』（法蔵館　2008年）、『比叡山諸堂史の研究』（法蔵館　2008年）、『伝教大師の生涯と教え』（同朋舎新社　2023年）、『法華経概説』（同朋舎新社　2023年）など

◆著者

花咲てるみ （はなさき・てるみ）

1958年　広島県に生まれる

1977年　ハワイに留学

1982年～　英会話講師、通訳

2010年～　気功、呼吸法、太極拳講師

2012年～　心と体を知る教室を各地で開催

2014年～　比叡山坂本観光ボランティアガイドの会・石積み会員

2017年～　イラストレーター
　　　　　滋賀県大津市在住

著書に『なぜ祈りの力で病気が消えるのか？ いま明かされる想いのかがく』（明窓出版　2017年）、『願いを叶える聖地紀行』（明窓出版　2018年）、『日吉大社の神さま』（比叡山坂本観光ボランティアガイドの会・石積み　2020年）など。本書でもイラストを手掛けた

比叡山延暦寺の神さま仏さま
地元ガイドが作った参拝ハンドブック

2024年2月14日発行

監修	武　覚超
著者	花咲てるみ
写真提供・協力	比叡山延暦寺　日吉大社
	比叡山坂本観光ボランティアガイドの会・石積み
編集・発行	小野寺眞見
発売	サンライズ出版

〒522-0004 滋賀県彦根市鳥居本町655-1
TEL 0749-22-0627　FAX 0749-23-7720